LUIGI MIRAGLIA

FABVLAE SYRAE

Graecōrum Rōmānōrumque fābulae
ad ūsum discipulōrum Latīnē nārrātae

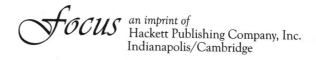

focus an imprint of
Hackett Publishing Company, Inc.
Indianapolis/Cambridge

ROMA - ANNO MMX

FABVLAE SYRAE
Scrīpsit
Luigi Miraglia

Adiuvērunt in scrībendō
Ignacio Armella Chávez, Jiří Čepelák, Eduardo Arturo Flores Miranda, Gerardo Froylán
Guzmán Ramírez, Alexis Cuauhtémoc Hellmer Villalobos, Omar Pacheco López,
Jan Odstrčilík, Patrick Owens, Pedro Emilio Rivera Díaz, Özséb Áron Tóth

Recēnsuērunt
Patrick Owens, Roberto Carfagni, Jiří Čepelák, Gerardo Froylán Guzmán Ramírez

In pāginās dīgessit
Sergio Scala

Imāginēs sēlēgērunt
Eduardo Arturo Flores Miranda, Gerardo Froylán Guzmán Ramírez,
Rogério Matsumoto Figueiredo, Horacio Heredia Vázquez

©Edizioni Accademia *Vivarium novum* 2010.

ISBN 13: 978-1-58510-428-4

©Distributed by Hackett Publishing
Previously distributed by Focus Publishing/R. Pullins Co.

Focus an imprint of
  Hackett Publishing Company
P.O. Box 44937
Indianapolis, Indiana 46244-0937
www.hackettpublishing.com

21 20 19 18   4 5 6

RES QVAE HOC LIBRO CONTINENTVR

NOTAE

=	idem atque	*Gr*	Graecē
:	id est	*imperf*	imperfectum
↔	contrārium	*ind*	indicātīvus
<	factum/ortum est	*indēcl*	nōn dēclīnātur
/	sīve	*m*	masculīnum
+	cum, atque, additur	*n*	neutrum
abl	ablātīvus	*nōm*	nōminātīvus
acc	accūsātīvus	*pāg.*	pāgina
adi	adiectīvum	*part*	participium
adv	adverbium	*pass*	passīvum
coni	coniūnctīvus	*perf*	perfectum
dat	datīvus	*pl*	plūrālis
dēcl	dēclīnātiō	*praes*	praesēns
dēp	dēpōnēns	*prp*	praepositiō
f	fēminīnum	*sg*	singulāris
fut	futūrum	*sup*	superlātīvus
gen	genetīvus	*voc*	vocātīvus

Ad pāginārum latera explānantur vocābula quae nōn reperiuntur in capitulīs librī cui titulus est FAMILIA ROMANA. Sī forte eadem vocābula in variīs fābulīs inveniantur, iterum iterumque explānantur, ut singulae fābulae per sē legī possint.

PRAEFATIO

Quīntus: "Nārrā nōbīs aliquam fābulam, Syra; nam tam bene sīve Graecās sīve Rōmānās fābulās nārrāre solēs, quae nōs multum dēlectant! Nēque in hortō lūdere possumus, quia, subitā tempestāte ortā, etiam nunc pluere nōn dēsinit. Nē avēs quidem audiuntur, quae, imbre et fulguribus territae, inter arborum folia et rāmōs sē occultant.

pluere = imber fierī; pluit = imber dē caelō cadit

Syra, quae bona et proba ancilla est: "Libenter" inquit "vōbīs fābulās nārrābō: tū vērō, Marce, cōnsīde iūxtā mē et silēns audī; tū, Iūlia, relinque pilam, et hūc venī, ad latus meum laevum. Sī bonī et probī eritis, neque silentium clāmōribus vel tumultū et strepitū rumpētis, multās et pulchrās fābulās nōn sōlum hodiē, sed etiam cotīdiē ā mē audiētis."

libenter *adv* = magnō cum gaudiō

***

Hōc librō fābulae continentur, quās Syra līberīs Iūliī et Aemiliae nārrāre solet. Iūlia, Marcus et Quīntus valdē hīs fābulīs dēlectantur. Spērāmus igitur vōs quoque, quī eās lectūrī estis, hīs Graecīs Rōmānīsque fābulīs dēlectārī posse. Quae certē ūtilēs erunt: nam quī hās pāginās leget, nōn modo rēs grammaticās et vocābula Latīna, quae in capitulīs XXV-XXXIV librī, cui titulus est FAMILIA ROMANA, iam cognōvit, certius discet ac memoriā retinēbit, sed etiam nōn pauca verba alia facile discere poterit.

ūtilis -e = bonus ad ūtendum

memŏria -ae *f*

Pygmalion puellae signum conficit

AD CAPITVLVM XXVI

1. Pygmaliōn

Pygmaliōn vir Graecus fuit, quī magnam pecūniam, multōs amīcōs, multōs servōs habēbat. Fēminās vērō, quās
superbās esse putābat, nūllās amābat.

    Pygmaliōn arte suā multās rēs mīrābilēs cōnfēcerat, quās
5 plūrimī hominēs valdē admīrābantur. Cotīdiē enim pulcherrima signa ex marmore faciēbat, quae tamen nōn signa, sed
hominēs vīvī esse vidēbantur.

    Saepe Pygmaliōn cīvēs in tabernam suam vocābat, pul-
cherrima illa signa ostendēns: "Venīte ad spectandum" āiēbat,
10 "virī et fēminae: pulchra haec signa aspicite: admīrāminī
membra, manūs, pedēs, bracchia, crūra, colla, ōra, quae artem
meam vōbīs dēmōnstrant: nam arte meā nātūram ipsam imitātus sum, quae vīvere meīs in signīs vidētur."

    Virī Graecī et fēminae Graecae ad Pygmaliōnis tabernam
15 accēdentēs cupidissimī erant signa spectandī, quōrum pulchritūdinem omnī modō laudābant: "Ō Pygmaliōn" āiēbant,
"quam pulchra haec signa sunt! Nātūram enim nōn sōlum
imitātus es, sed etiam superāvistī!" Omnēs dēlectābantur
spectandō illa signa, mīrābilia exempla novissimae artis.

20   Tandem Pygmaliōn fōrmōsissimae puellae signum cōnfē-
cit, quae aureum capillum, caeruleōs oculōs, rubra labra habēbat. Cuius signī amōre captus, Pygmaliōn miserrimus factus
erat et nocte pessimē dormiēbat: dolēbat enim signum, quamquam vēra atque pulcherrima puella esse vidēbātur, nōn
25 vīvere, neque sibi respondēre amōrem suum fatentī.

    Cotīdiē itaque Pygmaliōn, quī cupidus erat eam puellam

Pygmaliōn -ōnis *m*

superbus -a -um = quī aliōs nūllīus pretiī esse
putat

ad-mīrārī = mīrārī (rem magnificam)

marmor -oris *n* = māteria, ex quā signa et
columnae sunt facta

marmor

superāre = vincere

caeruleus -a -um = caelī serēnī colōre

sibi : Pygmaliōnī

7

sacrificāre = bovem/ovem/porcum occīdere
et deō dare

ōrāre = postulāre aliquid ab aliquō / ā deīs

pōnere posuisse positum

au-ferre abs-tulisse ab-lātum < ab-ferre

diū = per longum tempus | flēre -ēvisse

quae: puella

tergēre -sisse -sum

uxōrem ducere = uxōrem suam facere

Virgīnia -ae *f*

Virgīnius -ī *m*

Claudius -ī *m*

in-vidēre + *dat* = inimīcus esse ob bonum
aliēnum

rapere rapuisse raptum = (impetū factō) capere et sēcum ferre

raptam ad se dūcī iussit: eam rapere et ad sē
dūcī iussit

imperātum -ī *n* = quod imperātur

ōrāre = (vōce flentī) postulāre aliquid ab
aliquō

currere cucurrisse

prō *prp* + *abl*; prō Virgīniā = in locō Virgīniae

audēre ausum esse (*perf dep*)

---

vīvam aspiciendī, deōrum templa adīre solēbat ad sacrifi-
candum et deōs deāsque ōrābat: spērābat enim flendō sē deōrum animōs mollīre posse; neque enim quisquam, nisi deus,
illī signō vītam dare poterat.

Ōlim, postquam domum rediit, in cubiculum intrāvit, ubi   30
pulcherrimum illud puellae signum posuerat. Nūllum tamen
signum vīdit! Aliquem igitur illud abstulisse putāvit, atque
cōnsīdēns diū flēvit. Subitō tamen fōrmōsissima fēmina ad
eum accessit, quae aureōs capillōs, caeruleōs oculōs, labra
rubra habēbat; quae Pygmaliōnī ex sellā suā surgentī, "Nōn   35
iam signum" inquit, "sed puella vēra sum." Pygmaliōn tersit
lacrimās et laetissimus puellam complexus ōsculātus est. Post
brevissimum vērō tempus eam puellam uxōrem dūxit.

2. Virgīnia

Virgīnius vir Rōmānus fuit, quī pulchram fīliam habēbat,
nōmine Virgīniam, quam valdē amābat. Ipse quoque ā   40
fīliā suā amābātur.

Ōlim, dum per viās ambulant, vir malus at dīves, nōmine
Claudius, quī magnam pecūniam multōsque servōs habēbat,
eōs vīdit. Claudius, quamquam dīves erat, tamen Virgīniō
invidēbat, quod eum laetum esse atque pulchram fīliam ha-   45
bēre vidēbat. Quā dē causā cōnsilium eam rapiendī excōgitāvit. Vocāvit igitur servum et "Vidēsne" inquit, "Virgīniam,
pulchram illam virginem?" Cui servus "Ita, domine," inquit,
"videō: mihi quoque pulcherrima vidētur esse." Claudius igitur puellam raptam ad sē dūcī iussit, dīcēns: "Curre, atque   50
puellam raptam ad mē statim dūc!"

Servus imperāta dominī statim fēcit; puella rapta clāmābat
et servum ōrābat, quī tamen eius vōcem audīre nōn vidēbātur. Quamquam multī in viā ambulābant, nēmō ad iuvandum
cucurrit: nam omnēs Claudium timēbant, cuius saevissimum   55
servum bene nōverant: neque quisquam parātus erat ad moriendum prō Virgīniā.

Patrī vērō fīliam raptam esse nūntiāvērunt; quī statim ad
Claudium accēdēns clāmāvit: "Ō Claudī, quid est hoc? Quōmodo fīliam meam rapere ausus es? Nūllum enim malum tibi   60

fēcī, et fīlia mea virgō proba est. Redde igitur statim eam, sī
vir es bonus."

Claudius autem rīdēns "Ō Virgīnī" inquit, "ipse dīvitissi-
mus sum, tū autem pauper; ego multōs servōs habeō, quī mē

65 dēfendere poterunt, sī necesse erit, tū vērō nūllōs: abī, stulte
senex: tē enim contemnō, neque clāmōrēs tuōs cūrō."

    senex senis *m* = vir annōrum plūs quam LX
    contemnere = parvī pretiī putāre
    superbus -a -um = quī aliōs contemnit

Quibus superbissimīs verbīs audītīs, Virgīnius, gladiō sub
palliō occultātō, ad fīliam suam accessit, dīcēns Claudiō sē
ultimum eam complectī velle: gladium vērō in corpus eius

    ultimum *adv* ↔ prīmum

70 mersit atque interfēcit. Dum igitur puella humī in sanguine
suō iacet, "Fīlia mea" clāmāvit Virgīnius, "numquam ancilla
tua erit, quamquam tū multōs servōs habēs, ego nūllōs!"

Cum prīmum autem Rōmānī Virgīniam mortuam vīdērunt
atque tōtam rem, ut facta erat, audīvērunt, Claudium com-

75 prehēnsum ad mortem mittī iussērunt.

    com-prehendere -disse -ēnsum < cum + pre-
    hendere | comprehēnsum ad mortem mittī
    iussērunt: eum comprehendere et ad mortem
    mittī iussērunt

3. Eurōpa

    Eurōpa -ae *f*

Eurōpa bona et pulchra virgō Graeca fuit. Quae, dum cum
aliīs puellīs in campō lūdit, currit, pilam iacit flōrēsque
carpendō dēlectātur, subitō magnum et album taurum vīdit.
Quem cum prīmum cōnspexērunt, amīcae eius perterritae

80 fūgērunt clāmantēs.

Taurus autem nōn saevus esse vidēbātur: itaque Eurōpa,
quae minimē metuēbat et taurum propius videndī cupida erat,
ad eum accēdēns manū suā tetigit. Taurus mūgīvit; Eurōpa
vērō herbās ex campō carptās taurō dedit, quī eās edendō lae-

    minimē: nūllō modō

    tangere tetigisse tāctum | *eum* tetigit
    mūgīre -īvisse = 'mū' facere
    carpere -psisse -ptum
    carptās dedit: carpsit et dedit

85 tābātur.

Deinde Eurōpa, audācior facta, lātum taurī tergum spectābat atque manū suā tangēbat. Tandem in eius tergum ascendēns cōnsīdit et "Ō amīcae, venīte, et mē spectāte!" inquit,
"vidēte mē in taurī tergō sedentem!"

90 Statim autem taurus, quī humī iacēbat, surgēns ad maris
ōram currere coepit. Eurōpa clāmāvit perterrita; amīcae eius
flentēs et lacrimantēs, in lītus ad adiuvandum cucurrērunt,
neque vērō Eurōpam, quae taurō vehēbātur, cōnsequī potuērunt: taurus enim, campō relictō, Ōceanum petīvit atque in

    currere cucurrisse

    relinquere -līquisse -lictum

95 magnōs maris flūctūs intrāns natābat.

9

Europa tauro vehitur

Postquam vērō in altum pervēnērunt, "Nōn taurus" inquit, "sed Iuppiter, deōrum hominumque pater sum. Nōlī autem timēre: nōn enim malus sum, neque tibi nocēre volō; nam nōn nocendī causā, sed amōre tuī captus tē rapere cōnstituī."

100 Eurōpa igitur, quae initiō valdē metuerat, timōrem suum dēposuit, neque iam flēbat. Mox vērō ad novam terram pervēnērunt, ubi taurus, puellā dēpositā, ad dīvīnam suam fōrmam rediit. Post breve tempus Eurōpam uxōrem dūxit et eam terram, ad quam simul cum eā pervēnerat, Eurōpam ap-
105 pellāvit.

per-venīre -vēnisse = advenīre

nocēre -uisse + *dat* ↔ iuvāre

nom tū, *gen* tuī | rapere rapuisse raptum = capere et sēcum ferre
metuere -uisse
dē-pōnere -posuisse -positum; d. timōrem = dēsinere timēre
dīvīnus -a -um < deus

uxōrem dūcere = uxōrem suam facere

4. Cornēlia

Cornēlia -ae *f*

Cornēlia bona et proba fēmina Rōmāna fuit, quae duōs habuit fīliōs, quōrum alterī Tiberius, alterī Gāius nōmina erant. Fīliōs Cornēlia valdē amābat, atque ab iīs amābātur.

110 Ōlim fēmina Rōmāna, nōmine Tullia, Cornēliam vīsit, cupida ōrnāmenta sua ostendendī; quae, superbē mōnstrāns gemmās, quās in digitīs et in collō gerēbat, "Multās" inquit "novās et pulchrās gemmās habeō, quae mē valdē dēlectant: spectā! Aspice hōs ānulōs, hās līneās margarītārum, hās gem-
115 mās pretiōsās, quās mihi vir meus magnā pecūniā ēmit. Quam pulchra sunt haec ōrnāmenta! Nōnne tē dēlectant hae gemmae?"

Cornēlia vērō quae tam superba verba audiendō nōn laetabātur, gemmās aspiciēns respondit: "Ita est, ō Tullia: mihi
120 enim pulchrae videntur esse gemmae, quās marītus tuus tibi ēmit: certē ille valdē tē amat. Ego quoque tamen pulchrās gemmās habeō." "Ain' vērō?" ait Tullia, "Ō mea Cornēlia, ostende mihi pulchrās hās gemmās tuās! Studiōsissima enim sum eās aspiciendī!"

125 Cornēlia igitur surgēns vocat: "O fīliī, venīte hūc!" Tiberius et Gāius, mātris vōce audītā, accurrentēs in ātrium intrant. Quōs Cornēlia digitō mōnstrāns, "Ecce" inquit, "gemmae meae: fīliī enim meī ōrnāmenta mea sunt: nūllās aliās gemmās cupiō."

Tiberius -ī *m*

Tullia -ae *f*
vīsere vīsisse vīsum = vīsum īre
superbus -a -um = qui aliōs nūllīus pretiī esse putat

pretiōsus -a -um = magnī pretiī

Tarpēia -ae *f*

Sabīnī -ōrum *m pl*
Latium -ī *n*

strēnuus -a -um = fortis, impiger

armilla -ae *f*

noctū *adv* = nocte | ex-īre -iisse

per-venīre -vēnisse = ad-venīre

in-gredī -gressum esse = intrāre

vincere vīcisse victum | praeda -ae *f* = rēs
  quae in bellō ab hostibus capiuntur
in-cendere -cendisse -cēnsum = ignī dare

pretiōsus -a -um = magnī pretiī
au-ferre abs-tulisse ab-lātum (au- < ab-)

praemium = quod datur prō rē bene factā

op-primere -pressisse -pressum < ob + premere
iacēre -cuisse

5. Tarpēia

Ō lim Sabīnī, quī in Latiō habitābant, magnō exercitū 130
Rōmānōs, hostēs suōs, oppugnāvērunt. Quī quidem,
portīs clausīs, urbem suam dēfendere cōnābantur.

Sabīnī vērō, fortissimē pugnantēs, urbem paene cēpērunt.
Rōmānī, quī strēnuī militēs erant,
brevēs gladiōs, galeās ex ferrō factās, galea -ae *f* 135
longās hastās gerēbant, quibus semper
parātī erant ad pugnandum; at Sabīnī
quoque optima arma habēbant. In bracchiō sinistrō vērō, quō
scūta tenēbant, armillās aureās gerere solēbant.

Tarpēia, quae improba et mala puella Rōmāna fuit, ea 140
Sabīnōrum ōrnāmenta, quae procul ex Rōmae moeniīs in sōle
lūcentia cōnspexerat, habēre cupiēbat: eī enim pulcherrima
esse vidēbantur.

Quoniam igitur cupidissima facta erat illud aurum ha-
bendī, noctū ex urbe exiit, quia Sabīnōrum castra petere vo- 145
lēbat. Postquam illūc pervēnit, "Ō Sabīnī" inquit, "sī mihi
dabitis ea, quae in bracchiīs sinistrīs geritis, statim vōbīs
portās aperiam et viam mōnstrābō, quā in urbem ingredī poteritis."

Itaque Sabīnī, quī cupidissimī erant urbem expugnandī, 150
Tarpēiam secūtī, ad portās urbis pervēnērunt, quās Tarpēia
statim aperuit. Hostēs, in urbem ingressī, impetū in Rōmānōs
factō, brevī eōs vīcērunt atque magnam praedam cēpērunt.

Postquam multōs hominēs interfēcerant, domōs incende-
rant, ōrnāmenta, nummōs et aliās rēs pretiōsās abstulerant, 155
iam fessī pugnandō, et studiōsī in patriam suam revertendī,
Tarpēiam praemium exspectantem apud portās cōnspexērunt.
"Ō Tarpēia" dīxērunt, "quamquam mala et improba fēmina
nōbīs vidēris esse, dabimus tamen, ut pollicitī sumus, ea,
quae in bracchiīs nostrīs sinistrīs gerimus!" Tarpēia laeta ad 160
mīlitēs accessit; quī quidem rīdentēs in eam nōn armillās, sed
gravissima sua scūta iēcērunt! Tarpēia, multīs scūtīs oppressa,
ad terram cecidit et mortua ibi iacuit.

AD CAPITVLVM XXVII

1. Mīnōs

Mīnōs rēx, quī Crētam īnsulam regēbat, ibi magnam et pulchram rēgiam, multōs servōs, magnam pecūniam habēbat; itaque superbus factus erat, atque deōs omnēs sibi favēre putābat sēque ab iīs omnia petere posse. "Mē prae

5 cēterīs mortālibus beātum esse cēnseō: deī enim mē amant;" inquit, "sī enim ā deīs petō ut mihi dōnum dent, statim dōnum ad mē mittunt."

Ōlim, multīs hominibus spectantibus, ambulātum exiit et ōram maris petīvit; ibi vērō Neptūnum tālibus verbīs ōrāvit:

10 "Ō Neptūne" inquit, "ōrō tē ut pulchrum taurum ad meam īnsulam mittās, quem tibi, marium omnium deō quī magnōs flūctūs excitās tempestātēsque sēdāre solēs, sacrificābō!"

Neptūnus ex fundō maris eum ōrantem audīvit et pulcherrimum magnumque taurum ad īnsulam Crētam mīsit, quem

15 sacrificārī iussit.

Mīnōs, ad taurum accēdēns, eum magnā cum cūrā spectāvit: postquam vērō vīdit taurum pulcherrimum esse, nōluit tam fōrmōsam bēstiam Neptūnō sacrificāre; servōs igitur suōs id facere prohibuit, eōsque iussit alterum taurum ex sta-

20 bulō suō ad maris ōram addūcere: "Ō servī" inquit, "vōbīs imperō ut taurum minus pulchrum ex stabulō meō sūmātis: cūrāte tamen ut colōre sit similis huic, quem Neptūnus mīsit."

Vix haec dīxerat, cum servī, quī sevērum atque superbum rēgem timēbant, quam celerrimē potuērunt imperāta fēcērunt:

25 itaque ad stabulum cucurrērunt unde alterum taurum ad lītus dūxērunt. Quō sacrificātō, Mīnōs servōs iussit sacrum tau-

rēgia -ae *f* = domus rēgis
superbus -a -um = quī aliōs nūllīus pretiī esse putat
favēre + *dat* = bene velle
petere (ab aliquō) = poscere

sēdāre ↔ turbāre
sacrificāre = bovem/ovem/ porcum occīdere et deō dare
fundus -ī *m*

stabulum -ī *n* = locus quō pecora nocte redeunt
ad-dūcere

similis -e (+ *dat*) = quī īdem esse vidētur

imperātum -ī *n* = quod imperātur

currere cucurrisse

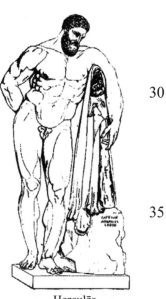
Herculēs

rum, quem Neptūnus mīserat, ad stabulum agere atque iānuās claudere:
"Nunc magnā cūrā facite, ut nēmō
hunc taurum videat: imperō vōbīs ut
eum bene in stabulō occultētis." Deinde rēx, laetus quod tam pulchrum taurum sibi parāvit, ad rēgiam suam rediit.

Neptūnus tamen facile omnia intellēxit, quae rēx fēcerat. Īrātus igitur ad
ōram maris vēnit; ad stabulum cucurrit, et, iānuā apertā, suum vīdit taurum
in stabulō inclūsum. "Ō improbe
Mīnōs!" exclāmāvit, "mē fallere vo-
luistī! Efficiam igitur ut pulcherrimus ille taurus, quem tibi
largītus eram, in saevum mōnstrum mūtētur!"

Haec verba locūtus, ex stabulō taurum, quī ferōcissimus
factus erat, ēmīsit; quī, in hominēs impetum īnfēstīs cornibus suīs faciēns, multōs virōs multāsque fēminās horrendā morte interfēcit. Incolae perterritī, quamquam fū-
nibus et hastīs ūtēbantur, taurum hūc et illūc currentem capere nōn poterant; nec ē tālī perīculō līberātī sunt, dōnec
Herculēs, quī in Crētam vēnerat, illam saevissimam
bēstiam tandem cēpit.

2. Lātōna

Lātōna dea fuit, quam Iūnō, deōrum rēgīna, nōn amābat;
itaque dē Olympō expulsam in terram mīsit, ubi ipsa
maerēns per campōs silvāsque errābat. Ad ōram maritimam
Lātōna postrēmō advēnit, ubi sīc Neptūnum ōrāvit: "Ō
Neptūne, ōrō tē ut mē in īnsulam ferās in mediō marī sitam:
optō enim ut ibi īrātam Iūnōnem tandem effugere possim!"

Neptūnus, eius precibus permōtus, parvam īnsulam ex
Ōceanī fundō extulit; tum delphīnum ex altō marī ad
Lātōnam mīsit, quī eam in dorsō suō sedentem ā lītore maris
ūsque ad parvae illīus īnsulae ōram vēxit. Ibi vērō delphīnus
eam exposuit; quae ab humilī lītore in alta saxa ascendit, unde
prōspiciēns tōtum mare circā īnsulam spectāvit.

---

parāre; sibi p. = suum facere

intel-legere -ēxisse

largīrī -ītum esse

ē-mittere
īnfēstus -a -um = ad
  pugnam parātus
horrendus -a -um
  = terribilis

fūnis -is *m*

perīculum -ī *n* | līberāre = līberum facere
dōnec = dum, ūsque ad tempus quō
Herculēs -is *m* = Iovis fīlius, deus Graecus

Lātōna -ae *f*

rēgīna -ae *f* = rēgis coniūnx

Olympus -ī *m* = mōns Graeciae, ubi deī
  habitant | ex-pellere -pulisse -pulsum
expulsam mīsit : expulit et mīsit

delphīnus

optāre = cupere

per-movēre -mōvisse -motum
fundus -ī *m* (*v. pāg.* 13)
ef-ferre ex-tulisse ē-lātum (< ex-)
delphīnus -ī *m*
dorsum -ī *n* = tergum bēstiae

vehere vēxisse vectum

ex-pōnere -posuisse -positum

Latona et agricolae in magnas ranas conversi

Locus erat amoenissimus; īnsula autem nōn fīxa stābat, sed, tamquam nāvis, modo hūc modo illūc flūctibus iactābātur. Lātōna vērō in īnsulā quae mōvēbatur vīvere nōlēbat.

animadvertere -vertisse

Iuppiter igitur, postquam hoc animadvertit, dē altō Olympō 65 dēscendit atque catēnīs ferreīs īnsulam ad maris fundum vīnxit.

nāscī nātum esse: māter parit, līberī nāscuntur
Apollō -inis *m*, Diāna -ae *f*

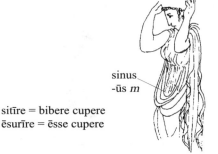

sinus -ūs *m*

sitīre = bibere cupere
ēsurīre = ēsse cupere

Lātōna ergō in eā īnsulā habitāvit, sed, quod sōla erat, Iuppiter fīlium et fīliam eī dedit. Ita nātī sunt Apollō et Diāna, Lātōnae līberī, quōs ipsa valdē amābat; neque iam ab īnsulā 70 discēdere volēbat: at inde quoque necesse fuit fugere: nam Iūnō eam persequēbātur.

Duōs igitur īnfantēs, quī nōndum ambulāre poterant, in sinū suō portāns per variās terrās errābat et valdē fessa erat. Quamquam vērō sitiēbat et ēsuriēbat, neque aquam invenīre 75 poterat, neque quisquam cibum eī largīrī volēbat: omnēs enim Iūnōnem īrātam metuēbant.

currere cucurrisse

Ōlim, dum ambulat, subitō parvum lacum haud procul ā viā vīdit, ad quem laetissima statim cucurrit. Agricolae vērō, quī frūmentum in campīs metēbant, postquam eam 80 cōnspexērunt ad lacum currentem: "Abī!" clāmāvērunt, "Nōlī

ap-propinquāre + *dat* (< ad-) = prope venīre

aquae appropinquāre! Nisi statim discēdēs, cūrābimus nē aquam illam bibere possīs!" Quibus autem clāmantibus Lātōna nōn pāruit, et lacum petēns: "Cūr mē prohibētis

pārēre -uisse

nēmō, *dat* nēminī

āēr, *acc Gr* āera
commūnis -e (+ *dat*) = nōn ūnīus sed omnium
petere (ab aliquō) = poscere

aquīs?" inquit, "Omnēs līberē aquīs ūtuntur. Nātūra nēminī 85 dedit sōlem, nec āera, nec aquam: dōna sunt omnibus commūnia. Ōrāns tamen ā vōbīs petō ut mē aquam haurīre sinātis; nōlō enim in lacū lavāre membra: tantum bibendī cupida sum, quoniam ōs est valdē siccum et vix loquī possum. Ōrō igitur vōs ut aquam mihi ad vīvendum necessāriam dētis. Nōnne hī quoque īnfantēs vōs movent, quī ex meō 95 sinū ad vōs bracchia tendunt?"

īnfantēs bracchia tendunt

tendere

90

Agricolae vērō illī, quī ab aquā eam prohibēre volēbant, hīs verbīs nūllō modō mōtī sunt, sed, falcibus suīs in campō

movēre mōvisse mōtum

relictīs, ad lacum ipsī quoque cucurrērunt, atque aquam pe-
100 dibus manibusque turbāre coepērunt. Tunc Lātōna, quae
aquam sordidam iam bibere nōn poterat, deōs deāsque hīs
verbīs ōrāvit: "Ō deī bonī, sī soror vestra sum, ac mē adhūc
amātis, cūrāte ut hī improbī agricolae, quī mē ab aquā prohi-
buērunt, sevērē pūniantur!"

105   Quibus verbīs audītīs, Iuppiter, deōrum omnium rēx, agricolās illōs prāvōs in magnās rānās convertit. Hanc ob causam etiam nunc rānae semper apud aquam aut in aquā ipsā
vīvunt.

3. Phrixus et Hellē

Athamās Graecōrum rēx fuit, quī, postquam eius uxor
110 mortua est, alteram fēminam, nōmine Īnōnem, in mātrimōnium dūxit, quia parvum fīlium et parvam fīliam
habēbat, quōs ipse alere nōn poterat.

Īnō autem, cum prīmum in rēgiam īvit, neque puerum nōmine Phrixum neque puellam nōmine Hellēn amāvit eōsque
115 ex rēgiā ad parvam casam quae in silvā sita erat, mīsit, ubi
tamen Phrixus et Hellē laetī habitābant. Cotīdiē enim, gallō
canente, ē lectīs surgēbant, māla edēbant et lac bibēbant, ac
posteā ē casā in silvās et collēs currēbant, ubi parvās ovēs īn-
sequentēs vel flōrēs carpentēs lūdere per multās hōrās pote-
120 rant. Vesperī vērō ē silvīs collibusque ad parvam casam
redībant, ubi cēnam parābant. Tum dēnique fessī in cubiculum ībant, ubi dormiēbant.

Saepe vērō noverca ē rēgiā venīre solēbat eōsque spectābat lūdentēs. Īnō autem nōn gaudēbat quod vidēbat puerum
125 puellamque tam laetōs esse, iīsque invidēbat: "Nōlō iam
vidēre hōs puerōs tam laetē vīventēs. Cūrābō igitur ut Phrixus
moriātur; profectō enim hōc modō efficiam ut soror quoque,
post eius mortem, miseram vītam habeat."

Phrixum igitur ē casā ad rēgiam arcessere eumque interfi-
130 cere cōnstituit. Mercurius tamen, malō hōc cōnsiliō cognitō,
aureum arietem, quī duās ālās habēbat, dē caelō mīsit; quī,
cum prīmum ad eum locum pervēnit, ubi puer et puella habitābant, ā Phrixō cōnspectus est.

re-linquere -līquisse -lictum

turbāre = turbidum (: sordidum) facere

pro-hibēre -uisse

con-vertere -tisse

rāna -ae f

Phrixus -ī m | Hellē -ēs, acc -ēn f

Athamās -antis m

Īnō -ōnis f | mātrimōnium -ī n; in mātri-
mōnium dūcere = uxōrem suam facere

regia -ae f = domus regis

casa -ae f

īn-sequī = sequī

parāre = parātum facere

noverca -ae f = uxor patris (quae māter
nōn est)

invidēre + dat = inimīcus esse ob bonum
aliēnum

morī -ior ↔ vīvere

ariēs arietis m

per-venīre -vēnisse = advenīre

17

carpere carpsisse carptum
praebēre -uisse -itum = dare

īn-sidēre

dorsum -ī *n* = tergum bēstiae

re-linquere -līquisse -lictum
longinquus -a -um ↔ propinquus

dē-lābī -lāpsum esse

Hellēspontus -ī *m*

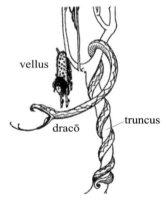

draco circum arboris truncum sē volvēns

diū = per longum tempus
flēre -ēvisse
Colchis -idis *f*

ex-pōnere -posuisse -positum | sacrificāre =
   ovem /bovem/ porcum occīdere et deō dare
vellus -eris *n*

quercus -ūs *f*

draco -ōnis *m*

truncus -ī *m* | volvere =
   circum (in orbem) vertere

Puer igitur, nihil timēns, ad arietem accessit, eīque herbās dē campō carptās praebuit. Ariēs nōn erat saevus; ergō Phrixus, audācior factus, in bēstiae tergum ascendit et laetus clāmāvit: "Ō Hellē, exī ē casā, et spectā mē in tergō arietis īnsidentem!" Hellē, frātris vōce audītā, statim ē casā currēns exiit; neque ipsa metuit arietem, sed accēdēns in eius dorsum ascendit ibique post frātrem cōnsēdit. 135 140

Ariēs vērō aureus sūrsum suprā humum sē levāvit et ex eō locō, ubi sita erat puerōrum casa, ēvolāvit. Mox puer et puella Graeciam relīquērunt, et suprā mare volantēs longinquās terrās petīvērunt. Hellē autem dēspiciēns magnōs flūctūs īnfrā sē vīdit; puella perterrita dē arietis dorsō dēlāpsa est; dum vērō cadit, "Ō frāter," clāmāvit, "ōrō tē ut auxilium mihi ferās!" Deinde, quatiēns bracchia et crūra dē summō caelō in mare cecidit ac mersa est, neque frāter eam servāre potuit. Ea maris pars, in quā Hellē mersa est, ā nōmine eius 'Hellēspontus' vocātur. 145 150

Frāter diū flēvit; ipse tamen nōn cecidit, sed usque ad Asiae terram volāvit, quae Colchis appellātur. Ibi ariēs puerum exposuit, quī bēstiam deīs sacrificāvit. Tum aureum eius vellus ad Colchidis rēgem portāvit, quī: "Cūrābō" inquit, "ut hoc vellus aureum in rāmō altissimae quercūs pōnātur, quae in silvā prope rēgiam est." Draco vērō saevus, quī in silvā vīvēbat, circum arboris truncum sē volvēns vellus per multōs annōs cūstōdīvit. 155

4. Comātās

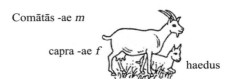

Comātās -ae *m*

capra -ae *f*

haedus

160 Comātās servus fuit, quī in Graeciā habitābat, et cotīdiē caprās ovēsque dominī, quae in collibus et campīs pāscēbantur, cūstōdiēbat. Ovēs albae et nigrae in campīs herbā opertīs
currēbant herbāsque carpēbant. Nocte silentī lūna et plūrimae
stēllae in caelō serēnō lūcēbant; ovēs dormiēbant; Comātās vērō
nōn dormiēbat, sed in altō saxō sedēns, dum ovēs cūstōdit,
165 lūnam et stēllās in caelō sine nūbibus lūcentēs spectābat.

operīre -uisse -rtum

Subitō autem novem pulcherrimās puellās vīdit, quās statim intellēxit novem Mūsās esse, deās artium canendī,
scrībendī, saltandī. Quae, Comātā tacente atque spectante, laetae in campīs currēbant, saltābant, cantābant.

intel-legere -ēxisse
Mūsa -ae *f*
saltāre = arte salīre et membra movēre

170 Tandem Mūsae ex campīs illīs amoenīs ad Olympum,
deōrum domum in altō monte positam, rediērunt.

Olympus -i *m* = mōns Graeciae, ubi deī et
Mūsae habitant
pōnere posuisse positum

Māne, sōle oriente, Comātās parvum haedum captum ē
grege in templō super āram Mūsīs sacrificat eāsque ōrat ut
illud sacrificium accipiant. Dominus autem gregis ex urbe in
175 praedium suum vēnit, quia voluit aspicere agricolās et
pāstōrēs suōs quī in agrīs et campīs opus faciēbant. Cum
prīmum gregem suum cōnspexit, ovēs et caprās numerāre
coepit. Postquam vērō haedum abesse animadvertit, servō ar-
cessītō, "Ō improbe serve," inquit, "ubi est haedus meus? Of-
180 ficium tuum est cūrāre nē ūlla ovis nēve ūlla capra dēsit! Ego
cūrābō nē posthāc neglegēns sīs nēve dormiās!"

haedus -ī *m*

āra -ae *f* | sacrificāre = ovem/bovem/porcum
occīdere et deīs dare
sacrificium -ī *n* < sacrificāre

āra

animadvertere -vertisse
arcessere -īvisse -ītum

Comātās vērō perterritus, ad pedēs dominī sē prōiciēns, "Ō
domine," respondit, "ōrō tē nē sevērē mē pūniās: nam in ārā
haedum sacrificāvī Mūsīs, quae in campīs tuīs laetae saltābant."

185 Dominus autem īrātissimus prīmum baculō servum ver-
berāre volēbat, deinde vērō in cubiculum dūxit, ubi magnam
habēbat arcam, in quam miserum servum inclūsit. Comātās
ibi vix spīrāre poterat, neque cibum neque aquam habēbat.
Quoniam igitur sē moritūrum esse sentiēbat, "Ō Mūsae," in-
190 quit, "ōrō vōs, propter quās tālia ā dominō meō patior, ut mē
ā morte servētis horrendā!"

arca -ae *f*

morī ↔ vīvere

horrendus -a -um
= terribilis

rīma -ae *f*

Mūsae ex altō Olympō eum ōrantem audīvērunt, et apēs ad
arcam mīsērunt, quae, in cubiculum per parvam rīmam in-
gressae, in arcam intrāvērunt et Comātam melle aluērunt.

in-gredī -gressum esse ↔ ē-gredī
alere -uisse

Apēs igitur cotīdiē venientēs mel servō in arcā inclūsō ferē- 195
bant, quō eum ā morte servābant. Neque dominus eās, quae
tam parvae erant, animadvertēbat.

diū = per longum tempus

Tandem dominus, putāns servum, quī tam diū in arcā clau-
sus erat, iam mortuum esse, eam aperīrī iussit. Arcā tamen
apertā, valdē mīrātus est, quod servum nōn mortuum, sed 200
vīvum et bene valentem invēnit! "Cūr nōn mortuus es?" rogāvit. "Mūsae" respondit Comātās, "apēs cotīdiē mittēbant,
quae mihi mel suum ferēbant, quō corpus meum alēbam."
"Exī ex arcā!", inquit dominus, "Sī enim Mūsae tē amant, tē
interficere nōlō." 205

Comātās laetus ex arcā exiit; tabernam igitur petīvit, in quā
haedum ēmit, quem Mūsīs sacrificāvit, quia eum ā certā
morte servāverant.

5. Corōnis

Corōnis -idis f

Apollō -inis m = deus lūcis et artis canendī

Corōnis pulchra fuit puella quae in Graeciā habitābat.
Apollō, quī in silvīs et agrīs errābat, cum prīmum eam 210
iīsdem in locīs laetē lūdentem cōnspexit, statim amāre coepit.

Accessit igitur ad puellam et, amōrem suum fassus, sīc
loquī coepit: "Ō Corōnis," inquit, "ōrō tē ut mē audiās: ego
tē amō; pulchrior enim deā mihi vidēris esse!", verbīsque
magnificīs eam laudābat. 215

Corōnis autem, quae improba fuit puella, "Ego quoque"
inquit, "tē amō, ō Apollō; ōrō igitur tē ut mē amāre pergās,
nēve umquam mē dēserās!" Occultāvit vērō sē alium amāre
virum. Deus tamen, quī hoc plānē ignōrābat, laetābātur quod
tālia verba ex fōrmōsissimā virgine audiēbat, atque, Corōni- 220

Olympus -ī m = mons Graeciae, ubi dei habitant

dem vidēre cupiēns, cotīdiē dē summō Olympō dēscendere
solēbat.

Corōnis igitur Apollinem in silvā exspectābat: gaudēbat
enim valdē, quod deus pulcherrimās gemmās ferēbat, quibus
et digitōs et collum et bracchia ōrnāre poterat. Quoniam vērō 225
Apollō illīs ōrnamentīs eam gaudēre animadvertēbat, "Ō mea
Corōnis," āiēbat, "nōlī timēre: nam cūrābō ut cotīdiē novīs
gemmīs novīsque margarītīs corpus tuum fōrmōsissimum
ex-ōrnāre = ōrnāre
exōrnētur."

Apollo, mortua Coronide, albas corvi pennas in nigras convertit

corvus -ī *m*

ōdisse ↔ amāre (ōderat ↔ amāvit)

paenitēre -uisse; eum paenituit factī suī: do-
luit quod ita fēcit

carpere carpsisse carptum
herbās carptās dare cōnātus est: herbās carpsit
et dare cōnātus est
frūstrā *adv*; frūstrā cōnātus est ...: cōnātus est,
neque vērō potuit

convertere -tisse

Apollō autem etiam corvum habēbat album, quī eum valdē   230
amābat, puellam vērō ōderat. Dum igitur Corōnis et amīcus
eius in silvīs errant atque inter sē ōscula dant, corvus, quī eōs
cōnspexit, statim ad Apollinem volāvit et, "Ō Apollō," inquit, " tē monēre volō, nē crēdās puellae amōrem suum fatentī. Corōnis enim nōn tē, sed alium virum amat: nam malam   235
illam puellam cōnspexī cum amīcō suō in silvīs errantem et
lūdentem. Sī vīs, cūrābō ut tē ad eam cum amīcō ambulantem
dūcam."

Apollō īrātus ex aureā sellā, in quā sedēbat, surgēns, dē
Olympō dēscendit et ad silvās iit.   240

Cum prīmum vērō puellam vīdit, sagittam in eam mīsit
atque interfēcit: at continuō factī suī eum paenituit. Postquam
enim eam mortuam et humī iacentem vīdit, trīstis subitō factus ac maerēns, herbās, quibus aegrōs sānāre solēbat, carptās
eī dare cōnātus est. Frūstrā tamen: nam puella mortua in san-   245
guine suō iacēbat.

Tunc Apollō corvum ad sē vocāvit et, "Improbe corve,"
ait, "Corōnis mea mortua est! Tū hoc voluistī!" Avem igitur
pūnīre cōnstituit: itaque albās eius pennās in nigrās convertit. Hanc ob causam nunc omnēs corvī nigrī sunt.   250

AD CAPITVLVM XXVIII

1. Atalanta

Fuit ōlim pulcherrima puella, nōmine Atalanta, cui plūrimī virī, quī eam ita amābant ut uxōrem dūcere vellent, multa et pretiōsissima dōna ex variīs orbis terrārum partibus ferre solēbant. Atalanta autem nūllum ex illīs virīs amābat nec
5 dōna eōrum accipere volēbat; quī vērō, cupidī eam uxōrem dūcendī, iterum iterumque salūtātum adībant eiusque pulchritūdinem verbīs magnificīs laudābant. Hoc igitur cōnsilium eōs dīmittendī causā excōgitāvit: virōs omnēs, quī eam uxōrem petēbant, ad cēnam apud sē vocāvit.
10 Postquam omnēs adfuērunt, servī vīnum in pōcula fūdērunt, quod virī, quī parātī erant ad audiendum, cupidē bibērunt. Dum vērō cibum in mensā appositum sūmunt, Atalanta "Ō virī," inquit, "ūsque ad hunc diem nūllum marītum habēre voluī, neque quisquam efficere potuit ut mē uxōrem dūceret
15 nōlentem. Nōn ignōrātis tamen mē tam celerem esse in currendō ut nēmō umquam mē currentem adhūc cōnsequī posset. Sī igitur mē in mātrimōnium dūcere cupitis, parātī estōte ad currendum: ita currite ut mē vincātis, sī potestis! Sīn vērō ipsa vincam, continuō faciam ut interficiāminī!"
20 Haec verba locūta, servōs arcessīvit, quī locum ad currendum idōneum ostendērunt, cuius in ultimā parte duo saxa magna posuerant. Omnēs valdē timēbant: nam, etsī bene artem currendī didicerant, sciēbant Atalantam ventō celerius currere, neque facile vincī posse; eius tamen pulchritūdine
25 captī, ac spērantēs sē, diīs iuvantibus, eam uxōrem dūctūrōs esse, quamquam perterritī, currendō vincere cōnārī voluērunt.

Atalanta -ae *f*

uxōrem dūcere = uxōrem suam facere

pretiōsus -a -um = magnī pretiī

vīnum in pōculum funditur

petere = postulare (cupidē)
cēna = cibus quī circiter hōrā nōnā vel decimā sūmitur
fundere fūdisse fūsum
bibere bibisse

ap-pōnere -posuisse -positum (< ad-)

mātrimōnium -ī *n*: in mātrimōnium dūcere = uxōrem suam facere

arcessere -īvisse

idōneus -a -um = conveniēns
ultimus -a -um ↔ prīmus
pōnere posuisse positum

Hippomenēs -ae *m Gr* (*acc* -ēn, *voc* -ē)

iuvenis -is *m* = vir circiter XXX annōrum

tuba -ae *f*

corōna

intereā = interim | currere cucurrisse
mēta -ae *f* : saxum, quō fīnis currendī significātur
corōna -ae *f*
vincere vīcisse victum | *hominēs* victī
horrendus -a -um = terribilis

victor -ōris *m* = quī vīcit

mēta

Sedēbat haud procul ab eō locō atque forte, ab altō colle prōspiciēns, virōs illōs ad currendum parātōs spectābat adulēscēns nōmine Hippomenēs, quī, cupidus eōs propius aspiciendī, sine morā ad campum accessit quō omnēs currendī causā convēnerant. 30

Postquam autem audīvit complūrēs ex illīs adulēscentibus ad mortem certam īre, "Nimis magnum" inquit, "est huius amōris pretium! Temerāriī mihi hī omnēs iuvenēs videntur esse, sī vēra sunt, quae dē Atalantae celeritāte nārrantur!" 35

Cum prīmum vērō pulcherrimam puellae faciem et fōrmōsissimum corpus, positā veste, vīdit, tam multum eam amāre coepit, ut spērāret nēminem currendō eam cōnsequī posse: ipse enim volēbat eius coniūnx fierī: nam eī pulcher- rima esse vidēbātur omnium fēminārum, quās umquam 40 vīderat.

Postquam servus tubā signum proficīscendī dedit, omnēs celeriter currere coepērunt: ante omnēs, sagittā celerior, currēbat Atalanta; cēterī vērō, cōnātī eam cōnsequī atque per longum spatium secūtī, tandem ita currendō fessī fuērunt, ut 45 alius post alium cōnsisterent et victōs sē esse fatērentur: ex iīs complūrēs multīs cum lacrimīs maerēbant; nam sciēbant sē ad certam mortem missum īrī.

Atalanta intereā tam celeriter cucurrit ad mētam, quō prīma pervēnit, ut ālae in pedibus eius esse vidērentur. Eius caput 50 corōnā cingitur; victī sine morā interficiuntur. At quamquam iī ad horrendam necem missī erant, Hippomenēs sine timōre mortis in cōnspectum puellae vēnit et "Cūr" inquit "facilem glōriam quaeris vincendō dēbilēs virōs? Mē vincere cōnāre! Sī victor erō, nōn dolēbis quod ā tantō tamque fortī virō 55 superāris."

Eum haec dīcentem Atalanta intuēbātur: quae, cum prīmum eum cōnspexit, ā tam pulchrō adulēscente sē victum īrī spērāvit et "Quī deus" inquit "tam saevē cupit istum perdere, ut eum cōgat mē uxōrem petere vītae perīculō? 60 Discēde dum potes, puer, et vītam servā! Omnēs puellae cupient tē marītum habēre! Cūr tamen sī dē tuā morte cōgitō animus meus ita turbātur, tot virīs iam ante occīsīs? Ah, miser

Dum Atalanta consistit malum capiendi causa, Hippomenes ad metam currit

Hippomenē! Dignus erās vītā. Ūnus erās, cuius uxor fierī
poteram!"   65

Ita loquēbātur, nec intellegēbat sē illum puerum iam amāre
coepisse. Eī igitur persuādēre cōnābātur, nē temerārius esset
neve vītam āmitteret. Cīvēs vērō et ipse Atalantae pater
cursūs quī solēbant fierī poscēbant, neque moram patiēbantur.

Hippomenēs igitur Venerem, amōris deam, invocāvit : "Ō   70
Venus, adiuvā mē, et amōrem, quem tū dedistī, dēfende!"
Audīvit Venus haec verba, quae ventus ūsque ad eius aurēs
tulit; sine morā igitur ad auxilium ferendum dēscendit ex
Olympō et ad Hippomenem accessit; neque tamen quisquam
alius eam vidēre poterat nisi Hippomenēs ipse. Cui dea tria   75
māla aurea dedit et "Hīc sunt" inquit "tria aurea māla. Dum
curris, iace prīmum mālum, deinde alterum, postrēmō
tertium. Nōlī timēre! Ego, Venus, tibi auxilium feram!"

Tubae signum dedērunt: Atalanta et Hippomenēs tam
vēlōciter currere coepērunt, ut eōrum pedēs vix terram   80
tangere vidērentur. Cīvēs clāmābant: "Nunc, nunc, properā,
Hippomenē! Pelle morās: vincēs!" Tum Hippomenēs ūnum ē
tribus mālīs prōmpsit et iēcit. Puella ita mīrāta est, ut, cupida
aureum mālum sūmendī, brevem moram faceret. Hippomenēs eam praeteriit; at illa post brevem moram iterum puerum 85
post terga relīquit. Quī rūrsus mālum iēcit; puella autem, ut
illud tolleret iterum brevī cōnstitit; continuō vērō Hippome-
nēn cōnsecūta est.

Postrēma cursūs pars restābat; Hippomenēs "Nunc" ait
"adiuvā mē, ō Venus, quae haec mihi dōna dedistī!" et tertium 90
iēcit mālum. Puella dubitāre vīsa est; at posteā cōnstitit
mālum capiendī causā: Hippomenēs ad mētam cucurrit, quam
prīmus cōnsecūtus est. Victor nōn modo vītam servāvit, sed
etiam Atalantam uxōrem dūcere potuit.

2. Veturia

Veturia fuit māter Gāiī Marciī, prūdentissimī ac   95
fortissimī virī, quī, postquam Rōmānōrum exercitum
contrā Volscōs dūxerat et Coriolōs, māximam eōrum urbem,
expugnāverat, 'Coriolānus' ā cīvibus suīs appellātus erat. Ob

eius magnam glōriam Rōmānī prīmum Coriolānum valdē

100 laudābant et admīrābantur; posteā vērō tanta facta est eius
potestās, ut cīvēs eī invidērent eumque ad mortem dūcere
vellent: nōn tamen ausī sunt tam fortem virum interficere, quī
patriam ab hostibus servāverat. Imperāvērunt igitur ut ex urbe
discēderet nēve umquam posteā redīret.

105   Ergō Coriolānus, Rōmā pulsus, ad Volscōs cōnfūgit, quī
ōlim hostēs eius fuerant, iīsque persuāsit, ut Rōmānōrum
urbem oppugnārent. Id multō facilius iīs persuādēre potuit,
quod sē ipsum eōs ductūrum esse prōmīsit, quī et urbem
Rōmam et modum, quō Rōmānī pugnāre solēbant, optimē

110 nōverat. "Rōmā discessī" āiēbat Coriolānus, "ut certam
mortem vītārem, ad quam mē cīvēs meī mittere volēbant; nunc
ipse, vōbīs iuvantibus, plūrimōs cīvēs meōs ad Īnferōs mittam,
ubi umbrae mortuōrum versārī dīcuntur! Animus enim meus
tam īrātus est, ut nūllō aliō modō tranquillior fierī possit!"

115   Magnus igitur Volscōrum numerus, Coriolānō duce,
Rōmam oppugnāvit; castrīs circā urbem positīs, tam multīs
pugnīs Rōmānōs vīcērunt, ut iī, quī in apertīs campīs nōn iam
audēbant cum tam fortibus hostibus pugnāre, vellent potius
intrā mūrōs sē tenēre, unde urbem dēfendere cōnābantur.

120   Complūrēs diēs Volscōrum exercitus ita Rōmānōs intrā
urbis moenia inclūsōs tenuit, ut tandem omnī cibō et aquā
carērent. Tunc Rōmānīs necesse fuit lēgātōs ad Volscōrum
castra mittere: nam spērābant sē Coriolānō persuādēre posse,
ut saevum cōnsilium oppugnandī patriam mūtāret atque ā

125 moeniīs cum tōtō exercitū discēderet.

    Lēgātī igitur, postquam ad Volscōrum castra vēnērunt,
Coriolānum multīs precibus ōrāvērunt nē patriam iam
oppugnāret. Ille vērō, eōrum precibus minimē mōtus, iīs ut
abīrent īrātus imperāvit, dīcēns 'sē neque Rōmānōs, ā quibus

130 tam indignē pulsus erat, iam amāre, neque dē patriā, quae
suōs fīliōs laudem ac glōriam merentēs tam turpiter ē fīnibus
ēiceret, multum cūrāre'; immō dīxit 'eam nē nōmine quidem
patriae dignam esse'.

    Lēgātī, tālī respōnsō acceptō, ad urbem rediērunt.

135 Postquam vērō Coriolānī verba audīvērunt, mīrābantur

Margin glosses:

invidēre + *dat* = inimīcus esse ob bonum
  aliēnum
audēre ausum esse (*perf dep*)
velle, *coni imperf*:
  vellem vellēmus
  vellēs vellētis
  vellet vellent

cōn-fugere < cum-

discēdere -ssisse

pōnere posuisse positum

vincere vīcisse victum

tenēre -uisse

lēgātus -ī *m* = nūntius

minimē = nūllō modō

fīnēs -ium *m pl* = terra (intrā fīnēs)

accipere -cēpisse -ceptum

senātor -ōris *m* = cīvis nōtus quī Romae magnam potestātem habēbat

Volumnia -ae *f*

complectī -xum esse

līberāre = līberum facere

Nausicaa -ae *f*

Alcinous -ī *m*

Phaeācēs -um *m pl* | Scheria -ae *f*

prūdentia < prūdēns

Diāna -ae *f*: Iovis fīlia, *Nymphārum* domina

Nymphae -ārum *f pl*: deae silvārum et flūminum

diū = per longum tempus

Ulixēs -is *m*

co-orīrī -ortum esse (< cum-) = subitō orīrī

senātōrēs, et perterritī ac valdē turbātī erant cīvēs, perīculum sibi impendēns timentēs.

Tunc Veturia, Coriolānī māter, et Volumnia uxor parvōs fīliōs trahēns, ad hostium castra vēnērunt, et virum ōrāvērunt nē Rōmae nocēret nēve cīvibus suīs quidquam malī afferret. 140 Tandem māter, uxor līberīque, eius genua complexī ac lacrimantēs, animum Coriolānī mōvērunt eīque persuādēre potuērunt ut ab urbis moeniīs discēderet: victus igitur eōrum precibus, postquam suōs dīmīsit, Coriolānus agrum Rōmānum ab hostium exercitū līberāvit. Volscī tamen, īrātī, 145 eum ad mortem dūcī iussērunt.

3. Nausicaa

Nausicaa fuit pulcherrima puella, fīlia Alcinoī rēgis, quī in īnsulā Phaeācum, nōmine Scheriā, magnā cum prūdentiā rēgnābat. Ōlim Nausicaa cum aliīs puellīs et ancillīs suīs in ōrā maritimā pilā lūdēbat: illa, sīcut Diāna 150 inter Nymphās, omnium fōrmōsissima esse vidēbātur. Cēterīs puellīs "Celeriter currite" clāmābat, "hūc, hūc pilam iacite!" Imperābat Nausicaa ut ad sē pilam mitterent ancillae, quam deinde ipsa, manūs extendēns, captam ad ancillās versus iaciēbat. Pila ā puellā ad puellam volābat, neque umquam ad 155 terram cadēbat, quia puellae tam cupidae erant eam capiendī, ut cadere nōn sinerent.

Postquam vērō diū hōc modō inter sē magnō cum gaudiō lūsērunt, rēgis fīlia pilam ad ancillam tam altē iēcit, ut illa capere nōn posset; cecidit autem in mare flūctūsque eam ita 160 sēcum trāxērunt, ut mergerētur: itaque puellae simul omnēs tam magnā vōce clāmāvērunt, ut Ulixēs, nōtissimus ille Graecōrum dux, quī in silvā prope lītus dormiēbat, subitō excitārētur.

Ulixēs enim, quī multōs annōs per maria errāverat, 165 tandem, magnā tempestāte coortā, tam valdē flūctibus iactātus erat, ut, nāve frāctā, in Phaeācum lītus ēicerētur, ubi, fessus, longum somnum cēperat. Dum vērō illās puellās spectat, sīc sēcum loquitur: "Heu, mē miserum! Quōrum in terram vēnī? Quae sunt illae puellae? Utrum sunt bonae et 170

probae, an ferōcēs, saevae atque inhūmānae? Utrum hūmānus
clāmor ad meās aurēs pervēnit, an Nymphae clāmāvērunt,
quae in montibus habitant? Quīn ipse rem experior? Nam in
tantīs tamque multīs perīculīs versātus sum, ut nunc nihil iam
175   timeam."

    Haec locūtus, ē silvā ēgrediēbātur Ulixēs; ex arbore
quādam rāmum multīs cum foliīs frēgit manū, ut partēs
pudendās sibi tegeret. Perrēxit autem īre, velut leō quī
dēscendit dē montibus; nūdus et sordidus tamque terribilis
180   vīsū erat, ut puellae omnēs, cum prīmum eum cōnspexērunt,
hūc et illūc fugerent animō turbātae.

    Sōla autem Alcinoī fīlia mānsit: eam enim diī audācem
fēcerant; metū igitur dēpositō, stetit, Ulixem spectāns, quī ad
eam versus veniēbat.

185   Ulixēs autem, eam intuēns, nesciēbat quid faceret: tandem
vērō hīs verbīs eam precātus est: "Utrum dea an mortālis es?
Sī enim mortālis es, beātissimī sunt parentēs, beātissimī
frātrēs; profectō eōrum animī semper laetantur, cum vident tē,
quae sīcut flōs es eōrum domūs pulcherrimus; omnium vērō
190   beātissimus ille erit, quī tē uxōrem dūcet: nōndum enim tālem
mortālem vīderam oculīs, neque virum neque mulierem:
fōrmam tuam et pulchritūdinem admīror. Herī ē flūctibus
maris, quibus vīgintī diēs iactātus sum, effūgī; saeva
tempestās in hoc lītus mē pepulit, ut adhūc, fortasse, etiam
195   hīc mala paterer, sīcut iam aliīs in locīs passus sum; tū vērō
adiuvā mē: tibi enim prīmae hīs in terrīs occurrī: cēterōrum
hominum, quī hanc urbem et regiōnem incolunt, nēminem
nōvī. Urbem vērō mihi ostende, ōrō tē, et dā vestem ad corpus
tegendum."

200   Sīc autem respondit candida puella: "Iuppiter suam cuique
partem bonī et malī dat; cum igitur mala nōbīs dat, oportet
patī. Nunc vērō, quoniam ad nostram urbem et terram vēnistī,
neque vestīmentīs, neque aliīs rēbus egēbis. Urbem tibi
ostendam, in quā pater rēgnat meus: sum enim ego fīlia
205   Alcinoī, Phaeācum rēgis."

    Arcessīvit igitur Nausicaa ancillās, quae perterritae hūc et
illūc fūgerant, iīsque imperāvit ut Ulixem lavārent in fluviō

experīrī: (rem) e. = cognōscere quālis sit
   (rēs)
versārī -ātum esse

pudendus -a -um < pudēre; partēs pudendae:
   partēs corporis, quās nōn decet nūdās
   mōnstrāre | tegere tēxisse tēctum = operīre
pergere perrēxisse

manēre mānsisse

dē-pōnere -posuisse -positum = dīmittere,
   relinquere | stāre stetisse

precārī -ātum esse (< precēs) = ōrāre

uxōrem dūcere = uxōrem suam facere

ad-iuvāre = iuvāre
occurrere -risse

candida: pulchra

bonum -ī *n* ↔ malum

egēre + *abl* = (rē necessāriā carēre)

arcessere -īvisse

29

et tunicā palliōque vestīrent. Ulixēs vērō ancillīs "Stāte, ōrō vōs," inquit "procul, dum ego ipse corpus lavō: nam pudet mē nūda membra ante puellārum oculōs ostendere." 210

Postquam autem corpus lāvit, tam pulcher erat, ut sīc Nausicaa cum ancillīs loquerētur: "Initiō quidem mihi ille vir foedus esse vidēbātur; nunc vērō diīs similis est, quī caelum lātum habitant; ō ancillae! Nēmō mihi persuādēbit eum nōn esse rēgem quendam, vel fortissimum ducem. Optō ut ille 215 dēlectētur hīc apud nōs manendō, et meus fīat marītus! Vērum date eī cibum, et vīnum, ut edat et bibat: diū enim, crēdō, cibō caruit." Ulixēs igitur prīmum sūmpsit cibum, deinde vērō cum Nausicaā et ancillīs urbem petīvit, ubi ā rēge et rēgīnā acceptus est. 220

Post cēnam autem rēx eum rogāvit ut sibi nārrāret unde et quōmodo venīret, quō īre vellet. Ulixēs igitur, quī statim dīxit sē esse cupidum in patriam redeundī, multīs cum lacrimīs trīstem fābulam suam omnibus, quī ibi aderant, nārrāvit.

Rēx, tālī fābulā audītā, tam mōtus est animō, ut Ulixem 225 omnī modō iuvāre vellet. Imperāvit itaque ut nāvis parārētur, quā vectus Ulixēs in patriam suam redīre posset. Ergō posterō diē Ulixes omnibus 'valē' dīxit et nāvem cōnscendit, ut tandem post tot annōs domum suam reverterētur.

Nausicaa autem trīstissima erat: postquam nāvis, quā 230 Ulixēs vehēbātur, prōfecta est, in altum saxum ascendit; unde prōspiciēns diū nāvem abeuntem oculīs secūta est. Lacrimae vērō ex eius oculīs lābēbantur, neque quisquam aderat, quī eam maerentem cōnsōlārī posset.

4. Cyparissus

Cyparissus fōrmōsissimus adulēscēns fuit, quī ab 235 Apolline dīligēbātur. Cotīdiē per silvās et campōs errāns, ferās, quae ibi versābantur, persecūtus capiēbat.

Dēlectābātur vērō ingentī quōdam cervō quī magna et lāta cornua in capite gerēbat, quae Nymphae aurō gemmīsque ita ōrnāverant ut etiam in obscūrā silvā lūcērent; ipse cervus, 240 sine metū, hominum domōs adīre solēbat, quī, manūs extendentēs, eius collum tergumque tangēbant. Ille enim

---

similis -e (+ *dat*) = quī idem esse vidētur
caelum lātum (= in caelō lātō) habitant

optāre = cupere

carēre -uisse

velle, *coni imperf*:
 vellem vellēmus
 vellēs vellētis
 vellet vellent

parāre = parātum facere
vehere vēxisse vectum
posterus -a -um (< post) = sequēns

Cyparissus -ī *m*

Apollō -inis *m* = deus lūcis et artis canendī

cervus -ī *m*

Nymphae -ārum *f pl*: deae silvārum et flūminum

Cyparissus, cervo sagitta percusso, ob animi dolorem in arborem mutatur

ignōtus -a -um ↔ nōtus

of-ferre (< ob-) = sē datūrum esse ostendere

rapidus -a -um (< rapere) = celerrimus

herbōsus -a -um < herba
pōnere posuisse positum

im-prūdēns -entis ↔ prūdēns
per-cutere -cussisse -cussum
accurrere -currisse

velle, *coni imperf.*
  vellem vellēmus
  vellēs vellētis
  vellet vellent

dīlēctus -a -um = quī dīligitur

nōllet : nōn vellet | petere: poscere
viridis -e = herbae colōre

rigidus -a -um = dūrus

adesse + *dat* = auxilium ferre

cupressus -ī *f*

sepulcrum -ī *n* = locus ubi homō mortuus
  pōnitur

collum manibus, quamquam ignōtīs, nōn sine gaudiō offerēbat.

Prae cēterīs Cyparissus eum tam multum dīligēbat, ut 245
cotīdiē ad novōs campōs dūceret, ut bonam herbam ēsset, et
ad rapidōs fluviōs ageret, ut pūram aquam biberet; flōribus
variōrum colōrum cervī cornua mīrābilī modō ōrnābat, et,
tamquam eques, in eius tergō sedēns hūc et illūc vehēbātur.

Ōlim vērō, quoniam āēr calidissimus erat, circā merīdiem 250
cervus fessus suum corpus in herbōsā terrā posuit sub altae
arboris umbrā, ut frīgus ibi caperet. Cyparissus autem,
imprūdēns, dum suō arcū in silvā lūdit, sagittā cervum sub
arbore cubantem forte percussit; cum vērō, accurrēns, eum
morientem vīdit, ita turbātus est animō, ut ipse cum cervō 255
morī vellet.

Apollō, quī, postquam puerī clāmōrēs audīverat, ad eum
maerentem accurrerat, multīs verbīs eum cōnsōlārī cōnābātur;
neque tamen facere potuit ut miserrimus puer minus ob
dīlēctissimae bēstiae mortem dolēret. Plōrābat enim ille, ac 260
multīs cum lacrimīs flēbat; tam trīstis erat, ut vīvere iam
nōllet; immō, ā deīs inter lacrimās petīvit, ut sibi flēre sine
fīne licēret. Et iam membra in viridem colōrem vertī atque
capillī, quibus candida frōns operiēbātur, horrēre coepērunt:
Cyparissus tunc arbor factus est alta et rigida, cuius pars 265
summa caelum stēllīs ōrnātum spectāre vidēbātur.

Apollō igitur, trīstis ad arborem
accēdēns, "Ego" inquit, "semper tē
flēbō, amīce; tū vērō aliōs flēbis et
dolentibus hominibus omnī tempo- 270
re aderis!"

Hoc est cūr arborem, quae ex
illō puerō Graecē 'cyparissī', Latīnē vērō 'cupressī' nōmen habet,
prope amīcōrum nostrōrum sepul- 275
cra pōnāmus.

sepulcrum

5. Alcēstis

Alcēstis bona et proba uxor Admētī fuit, quī eam Graeciae regiōnem, quae Thessalia appellātur, tam bene regēbat, ut nōn modo incolīs, vērum etiam deīs, et prae 280 cēterīs Apollinī, cārissimus esset.

Postquam vērō Admētus ad quadrāgēsimum aetātis annum pervēnit, Apollō eī in cubiculō suō versantī "Mox" inquit "pallida mors ad tē veniet, quae imperābit ut ad Īnferōs dēscendās, unde nēmō rediit umquam. Magnō igitur 285 in perīculō versāris; petīvī tamen ā Parcīs, ut, aliō homine prō tē datō, tot annōs posthāc vīverēs, quot iam vīxistī; ergō, sī aut pater aut māter aut uxor aut amīcus quīdam prō tē morī volet, tū mortem effugiēs, atque inter vīvōs multōs adhūc annōs manēre poteris. Ergō cūrā, ut inveniās aliquem, quī 290 prō tē sit ad moriendum parātus, nē Thessalī rēge suō careant."

Ut tempestātēs mare tranquillum turbāre solent, ita verba Apollinis animum Admētī turbāvērunt. Pater vērō, cubiculum ingressus, fīlium colōrem mūtāvisse animadvertit et "Quid 295 pallēs, fīlī?" inquit "Utrum aegrōtās an territus es?" Fīlius autem id, quod Apollō dīxerat, patrī nārrāvit, eumque rogāvit, ut prō sē ad illud rēgnum dēscenderet, ubi umbrae mortuōrum versārī dīcuntur. At pater, manum extendēns ac fīliī manum apprehendēns, multīs cum lacrimīs "Quis" inquit, "tam fortis 300 est, ut ipse mortī sine metū occurrat? Quamquam enim tē multum dīligō, fīlī mī, nesciō quid faciam: nam timor mortis animum meum vincit." Admētus ā patre tam maerēns discessit, ut prae animī dolōre loquī nōn posset.

Ad mātrem igitur accessit, cui persuādēre cōnātus est ut 305 prō sē morerētur. "Ō māter," inquit "saepe dīxistī tē deōs deāsque omnēs ōrāvisse, ut mihi longissimam beātamque vītam darent: nunc autem vidē: nisi quis prō mē ad Īnferōs dēscendat, brevī ātra mors mē rapiet, neque umquam ad vīvōs redībō. Adiuvā mē, sī mē amās!" Māter autem, etsī valdē dolēbat quod tantum perīculum fīliō impendēbat, mortem prō eō 310 adīre nōn audēbat; Īnferōs enim ita timēbat, ut dē iīs cogitāns tōtō corpore tremeret.

Admētus -ī *m*

Thessalia -ae *f*: regiō Graeciae

incola -ae *m/f* = quī/quae incolit
Apollō -inis *m* = deus lūcis et artis canendī
cārus -a -um = quī dīligitur
aetās -ātis *f* = annī quōs aliquis vīxit

petere = poscere
Parcae -ārum *f pl* = trēs deae quae fīlum aetātis hūmānae circum vertunt

Thessalī -ōrum *m pl*: cīvēs Thessaliae

in-gredī -gressum esse ↔ ē-gredī
animadvertere -vertisse

rēgnum -ī *n* = rēgis imperium

discēdere -ssisse

ad-iuvāre = iuvāre

dīlēctus -a -um = quī dīligitur

Plūtōnis rēgnum: Īnferōs

ego, *gen* meī

ā-mittere -mīsisse -missum ↔ accipere
diū = per longum tempus
flēre -ēvisse

Herculēs -is *m* = Iovis fīlius, deus Graecus

rēgia -ae *f* = rēgis domus

etiam-sī = quamquam, etsī

cōgere < cum + agere; ne cōgerēris: nē
  necesse tibi esset | ex-cipere -cēpisse -
  ceptum = accipere, admittere
hospes -itis *m* hospitēs sunt amīcī quōrum
  alter alterum apud sē semper bene accipit
honōs -ōris *m* = signum laudis, laus

re-dūcere
relinquere -līquisse -lictum
currere cucurrisse
vincere vīcisse victum

Tum Alcēstis, quae Admētum tōtam rem nārrantem, pa-
rentēsque 'sē nōlle prō eō morī' dīcentēs exaudīverat, "Ō Ad-
mēte, dīlēctissime coniūnx," inquit "tē plūs quam vītam   315
meam amō; sine morā parātissima sum ad moriendum; Plūtōnis rēgnum prō tē petam, unde negant redīre quemquam;
hoc ūnum tamen tē rogō, ut līberōs nostrōs etiam post mortem meam bene cūrēs et doceās; ōrō quoque nē meī, quae
tantum tē amāvī, oblīvīscāris."   320

Postquam Alcēstis tālia dīxit, Mors, adveniēns, eam raptam ad mortuōrum rēgnum sēcum trāxit. Servī et ancillae,
maerentēs, āmissam dominam, quam omnēs amābant, diū
multumque flēvērunt.

Mox vērō Herculēs, virōrum fortissimus, mortālis fēmi-   325
nae et Iovis fīlius, quī per Thessaliam errābat, ad rēgiam Admētī perveniēns, postulāvit ā rēge, ut sibi fessō cibum
vīnumque daret.

Admētus, etiamsī ipse māximē maerēbat ob uxōris mor-
tem, nihil tamen dē eā rē dīxit, sed servīs imperāvit, ut cibum   330
et vīnum optimum ad mēnsam afferrent. Ipse vērō poposcit
ab Hercule, ut sineret sē īre dormītum, atque discessit.

Dum autem ēst et bibit, animadvertit Herculēs ancillās ser-
vōsque trīstissimōs esse ac lacrimāre, cuius reī causam inter-
rogat. Quī dē dominae suae morte nārrāvērunt; "Nescīs tū"   335
inquiunt "mala quae sunt in hāc domō: dominus enim noster
nihil tibi dīxit, nē animum tuum turbāret: coniūnx Admētī periit; quī tamen, nē cōgerēris aliam domum invenīre, tē excē-
pit, atque nōbīs imperāvit, ut tibi, hospitī omnī honōre dignō,
cibōs appōnerēmus. Ille vērō uxōrem mortuam in cubiculō   340
suō flet."

Herculēs igitur surgēns magnā vōce clāmat: "Ad Īnferōs
dēscendam, ubi cum Morte ipsā pugnābō, ut, victa, tam prō-
bam fēminam marītō vīvīsque reddat! Nōlīte timēre: mox rēgīnam ad rēgiam redūcam!"   345

Haec locūtus, relictīs servīs, ad Plūtōnis rēgnum cucurrit,
ubi Mortem fortissimē oppugnātam vīcit, atque Alcēstim ad
coniugem suum, quī vix oculīs suīs crēdēbat, redūxit.

AD CAPITVLVM XXIX

1. Orpheus et Eurydicē

Orpheus nōbilissimus fidicen atque poēta ēgregius fuit, quī inde ā puerō tam pulchrē canēbat, ut nōn sōlum bēstiae ferae ad eum accurrerent, vērum etiam rapida flūmina cōnsisterent, nē strepitū cantum eius turbārent, ac saxa ipsa arborēsque (mīrābile vīsū!) ad audiendum venīrent.

Cum igitur Orpheus Eurydicēn, pulcherrimam virginem, valdē amāret neque iam sine eā vīvere posset, eam uxōrem dūcere cupiēbat, quae tamen eius amōrem contemnere vidēbātur. Brevī vērō, cum cotīdiē trīstissimum Ortheī dē suō amōre dēspērantis cantum in silvīs audīret, virginis animus ita permōtus est, ut ipsa eius amōre magis magisque caperētur.

Laetī igitur et māximō amōre coniūnctī, Orpheus et Eurydicē ad nūptiārum diem pervēnērunt; quī tam fēlīcēs omnibus esse vidēbantur, ut nēmō fortūnam eōrum umquam mūtārī posse putāret. Tanta tamen erat eōrum laetitia, tam grātae omnibus illae nūptiae, tam multae omnium laudēs, ut Aristaeus, pāstōr quī iam anteā Eurydicēn amāverat, nōn sōlum trīstitiā, vērum etiam magnā invidiā afficerētur, cum sē nihil iam ex virgine spērāre posse vidēret. Cum igitur illa in silvā versārētur ubi flōrēs carpere volēbat, ut mēnsam ōrnāret, Aristaeus, quī post arborem sē occultābat, eam persequī coepit.

Eurydicē, cum prīmum hoc animadvertit, tantō illīus virī metū affecta est, ut, omnia perīcula oblīta, per altās herbās et inter dūra saxa nūdīs pedibus celerrimē curreret, ut ab eō fugeret et ad Orpheum, marītum suum amātissimum, redīret. Cum vērō iam eum haud procul stantem vidēret, et ut sibi

Eurydicē -ēs f

ēgregius -a -um = melior cēterīs, optimus

inde ab ↔ ūsque ad

uxōrem dūcere = uxōrem suam facere

con-temnere = parvī aestimāre

trīstissimum cantum

nūptiae -ārum f = dies quo vir et femina coniugēs fīunt

grātus -a -um = quī dēlectat

Aristaeus -ī m

animadvertere -vertisse

cum... vidēret, et *cum*... clāmāret

35

Cum Orpheus canat, bestiae ferae et ipsae arbores ad audiendum veniunt

auxilium ferret clāmāret, serpēns, quī in herbā latēbat, eius
nūdum pedem dextrum momordit; quō morsū statim misera
fēmina periit.

serpēns -entis *f*
latēre = se occultāre
morsus -ūs < mordēre

30   Tum Orpheus, quī, uxōre mortuā, dē suā quoque vītā dēs-
pērābat: "Heu!" exclāmāvit, "Quid nunc faciam? Quid spērem? Quōmodo vīvam posthāc? Cūr mē īnfēlīcem relīquistī,
mea cārissima coniūnx? " Per multōs diēs, trīstis et maestus,
neque cibum neque aquam sūmere voluit. Postquam autem
35 multīs cum lacrimīs amātissimae uxōris mortem flēvit, cum
sentīret sē nūllō modō sine Eurydicē vīvere posse, audācissi-
mum cēpit cōnsilium: cum enim iam parvī aestimāret vītam,
postquam tam iūcunda sibi uxor ērepta erat, id facere cōnstituit, quod nēmō anteā cōnārī ausus erat, nec ūllīs perīculīs
40 dēterrēbātur.

īn-fēlīx -īcis ↔ fēlīx
relinquere -līquisse -lictum
cārus -a -um = quī dīligitur

flēre -ēvisse

iūcundus -a -um = quī dēlectat
audēre ausum esse (*perf dep*)

    Ad mortuōrum igitur rēgnum dēscendere voluit, ut a Plū-
tōne, rēge Īnferōrum, quī ibi cum Proserpinā, eius coniuge,
imperābat, peteret ut Eurydicē sibi redderētur. Itaque tam temerārius fuit, ut, sūmptīs fidibus suīs atque itinere sub terrā
45 factō, ad illum terribilem rēgem pervenīret, quem, cum iam
omnia cētera sua dēspērāret, id ūnum ōrāvit, ut sibi licēret
uxōrem sēcum in vītam et ad sōlis lūcem redūcere: "Permitte
mihi, Plūtō," aiēbat lacrimāns, "meam coniugem mēcum re-
ferre, ut cum eā reliquam vītam vīvam!" Quod vērō cum sē
50 haud facile impetrāre posse vidēret, interrogāvit num sibi licēret carmen canere. Rēx et rēgīna, cum studiōsī essent eius
cantum audiendī, quia iam quanta eius canendī ars esset sciēbant, id eī permīsērunt. Sūmptīs igitur fidibus, Orpheus tam
pulchrē canere coepit, ut nōn sōlum mortuōrum umbrae, al-
55 lectae sonō, accurrerent, vērum etiam dūrissimī rēgis rēgī-
naeque animī tam trīstī cantū movērentur: quī, maestā
Orpheī vōce ad fidēs canentis audītā, ita perturbātī sunt, ut
dubitāre inciperent utrum eī uxōrem redderent an in suō
rēgnō retinērent.

rēgnum -ī *n* = rēgis imperium
Proserpina -ae *f*
petere (ab aliquo) = poscere
iter itineris *n* < īre

re-ferre

impetrāre = cōnsequī (id quod poscitur)
rēgīna -ae *f* = rēgis coniūnx

60   Postquam vērō ille fīnem canendī fēcit, Plūtō sīc locūtus
est: "Tū, Orpheu, cantū tuō animōs nostrōs vīcistī: redī igitur
ad superōs, et tēcum Eurydicēn dūc, hāc tamen lēge, nē res-
piciās nēve ūllō modō uxōrem intueāris, antequam ad vītam

vincere vīcisse victum
superī -ōrum *m pl*: hominēs vīvī
lēx lēgis *f*
re-spicere-spexisse -spectum ↔ prōspicere

lūcemque redeās: quod sī aliter faciēs, numquam iterum coniugem tuam vidēbis!" 65

Quā lēge acceptā atque magnā laetitiā affectus Orpheus, quem Eurydicē mūta sequēbātur, ad superās terrās redīre coepit. Cum vērō iam procul sōlis lūcem aspiceret, neque ūllum sonum post sē audīret, dubitāns an Eurydicē sē sequerētur, tantō metū captus est, ut iam dēsīderium uxōris rūrsus videndī, quō ārdēbat, retinēre nōn posset: cōnstitit igitur nōn 70 iam patiēns morae, et ferē sub ipsā lūce, amōre victus, respexit. Tunc illa: "Quae īnsānia" inquit, " et mē et tē perdidit, Orpheu? Ecce: crūdēlis fortūna mē iterum retrō vocat; mortis somnus oculōs rūrsus operit. Iam valē! Ad Īnferōs iterum 75 trahor, obscūrā nocte circumdata, ad tē frūstrā extendēns manūs, mī vir: heu! nōn iam tua erō... "

Cum tālia dīceret, ut fūmus in aera ē cōnspectū fūgit, neque Orpheum vidēre potuit frūstrā prehendentem umbrās, et multa volentem dīcere. Quid ille faceret? Quō īret, coniuge 80 bis ēreptā? Quō flētū, quā vōce Plūtōnis et Proserpinae animōs movēret? Prohibēbat rēx Īnferōrum, nē iterum ad suum rēgnum vīvus dēscenderet.

Diē flēbat, flēbat noctū Orpheus, quī, hominēs fugiēns, in silvīs cum ferīs errābat, neque ūllam iam fēminam vidēre vo- 85 lēbat: ūnam Eurydicēn quaerēbat, eam sōlam invocābat, cēterās omnēs spernēbat. Tunc fēminae īrātae eum pūnīre cōnstituērunt: noctū igitur eum circumdedērunt et saevē necāvērunt: deinde miserī iuvenis membra, ex corpore scissa, per campōs in variās partēs iēcērunt. Cum vērō aquae flūmi- 90 nis, in quod erat ēiectum, caput ē collō ēreptum sēcum traherent, vōx ipsa et frīgida lingua vocābant: "Eurydicē, Eurydicē..."

2. Cerēs et Prōserpina

Cerēs est dea frūmentī et frūgum omnium, quae in agrīs crēscunt et ab agricolīs metuntur, cum prīmum mātūrae 95 videntur esse. Ipsa hominibus sēmina largīta est atque mōnstrāvit quōmodo in agrōs spargerent ac sererent, ut terra magnam frūmentī cōpiam ferret.

accipere -cēpisse -ceptum

dēsīderium -ī *n* = cupiditās (reī āmissae)

ārdēre = ūrī (animō)

ferē = paene

īnsānia -ae *f* = animus nōn sānus

crūdēlis -e = saevus atque inhūmānus

retrō = illūc unde vēneram (←)

circum-dare -dedisse -datum = cingere

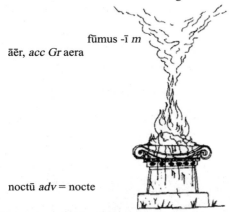

fūmus -ī *m*

āēr, *acc Gr* aera

noctū *adv* = nocte

spernere = parvī aestimāre

iuvenis -is *m* = vir circiter XXX annōrum

Cerēs -eris *f* | Prōserpina -ae *f*

largīrī -ītum esse

Cum primum Orpheus respicit, Eurydice ad Inferos iterum trahitur

col-ligere -lēgisse -lēctum ↔ spargere

com-mūtāre < cum-mūtāre

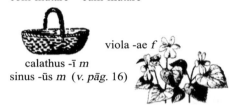

viola -ae f

calathus -ī m

sinus -ūs m (v. pāg. 16)

nūntiāre < nūntius

simul ac = eōdem tempore quō, cum
    prīmum

līberāre = līberum facere

iter itineris n < īre

scēptrum -ī n = baculum quō rēgis imperium
    significātur | per-cutere -cussisse -cussum

intereā = interim

noctū adv = nocte

tenebrae -ārum f pl ↔ lūx

Hominēs magnī aestimāvērunt illud deae beneficium, quō
māximā laetitiā affectī sunt, cum vidērent sē, agrōs colendō,
nōn sōlum facilius līberōs et uxōrēs cotīdiē alere, vērum   100
etiam tantam frūmentī cōpiam colligere posse, ut aliīs hominibus vēnderent aut cum aliīs mercibus ad vītam necessāriīs
commūtārent.

Ōlim Prōserpina, Cereris fīlia virgō, cum aliīs puellīs in   105
campīs Siciliae laeta errābat lūdēns et aut violās aut candida
līlia carpēns, calathōs ac sinum eō cōnsiliō implēbat, ut cēterās amīcās flōrēs colligendō vinceret. Apud lacum currēbat
amoenum, quem pulcherrima silva cingēbat novīs foliīs
modo vestīta; avēs canentēs vēr nūntiābant, et sōl clārā suā   110
lūce omnia ita illūstrābat, ut nūllum perīculum puellīs lūden-
tibus impendēre vidērētur.

At Plūtō, rēx et deus Īnferōrum, cum forte per superās terrās currū suō vectus errāret, simul ac Prōserpinam in campīs
flōrēs carpentem cōnspexit, subitō tantō eius amōre affectus   115
est ut eam sēcum in loca sub terrā sita dūcere cōnstitueret.
Sine morā eam rapuit, quae, territa, et mātrem et amīcās clāmāns vocābat; cum vērō sē ex deī bracchiīs līberāre cōnārētur, omnēs flōrēs, quōs collēgerat atque in sinū tenēbat, scissīs
vestibus, sparsī sunt; deum quoque ōrābat ut sibi parceret   120
atque sē ad mātrem suam redīre sineret.

Postquam vērō vīdit Plūtōnem nūllum verbum respondēre,
sed iter ad loca īnfera pergere, cum iam vītam dēspērāret, id
ūnum ōrāvit, nē nimis saevē sē occīderet; cui deus ille rīdēns:
"Quid ais" inquit "ō pulcherrima virgō? Nōn sōlum nūllum ā   125
mē maleficium patiēris, sed etiam rēgnābis mēcum apud Īnferōs, neque misera erit vīta tua: ego enim tē tam multum amō,
ut tantum laetitiā animum tuum afficere cupiam." Hīs verbīs
Plūtō perterritam virginem cōnsōlātus est; agēns deinde currum, equīs celeriter currentibus, ad locum pervēnit, ubi terra,   130
sceptrō percussa, sē aperuit ut iīs viam ad Īnferōs faceret.

At intereā māter, magnō metū affecta, fīliam in omnibus
terrīs quaerēbat, in omnibus rīvīs, in omnibus maribus; neque
diē neque noctū quiescēbat: etiam per obscūrās frīgidāsque
tenebrās, fīliae sibi ēreptae vestīgia reperīre cōnābātur. "Heu,   135

quid faciam?" clāmābat, "Quid spērem? Quōmodo fīliam
meam inveniam?"

Postquam vērō per tōtum terrārum orbem frūstrā errāvit, in
Siciliam rediit, ubi tandem, apud locum ubi terra patuerat ut

140 Plūtō et Prōserpina ad Īnferōs dēscenderent, cingulō fīliae in-
ventō, eam ab Īnferōrum rēge raptam esse intellēxit. Tum dea
clāmāns et maerēns multīsque cum lacrimīs hūc et illūc currēns capillum et vestem scindēbat, atque iterum iterumque
manibus pectus percutiēbat; terrās ipsās omnēs reprehendē-

145 bat, quās frūgum dōnō indignās esse dīcēbat; Siciliam ante
omnēs, in quā vestīgia Prōserpinae raptae invēnerat. Īrāta igitur effēcit ut nōn iam fertilēs terrae essent: frūmentum mo-
riēbātur in agrīs; et modo sōl nimis ārdēns, modo magnus
imber iactūram frūgum faciēbat: ventī quoque nocēbant agrīs,

150 et cupidae avēs sēmina sparsa carpēbant.

Deinde ad Iovem in summum Olympum ascendit eumque
interrogāvit num scīret ubi esset Prōserpina et quid faceret;
quī quidem respondit eam apud Īnferōs rēgnāre et uxōrem
Plūtōnis factam esse. Māter prīmum ad haec verba, quasi in

155 saxum conversa, stupuit; tum "Mī Iuppiter" inquit, "tua
quoque fīlia Prōserpina est; ecce, tandem, postquam diū quae-
sīvī, eam repperī: sī 'reperīre' vocās, 'scīre ubi sit'. Aequō
animō feram eam ā Plūtōne tam indignē raptam esse: si modo
eam reddat! Neque enim marītō praedōne fīlia tua digna est!"

160 Cui Iuppiter "Certē fīliam meam ego quoque dīligō; sed
Plūtō eam amat et eō cōnsiliō rapuit, ut uxōrem dūceret.
Nōnne beneficium potius quam maleficium hoc tibi esse vidētur? Est enim Plūtō frāter meus, est rēx Īnferōrum: nōn tam
indignus marītus Prōserpinae erit."

165 Negāvit Cerēs, quae omnī modō fīliam ad sē redūcere volēbat. "Nihil est miserius" ait, "quam līberōs āmittere: permitte
eī prōtinus ad mātrem revertī! Ōrō tē ut mihi miserae parcās!"

Cum igitur Iuppiter vidēret Cererem fīliā carēre nūllō
modō posse, permīsit ut illa reverterētur: "Redīre tamen po-

170 terit" inquit, "sī modo nūllum cibum apud Īnferōs sūmpsit."

Gaudet Cerēs et iam spērat sē brevī fīliam complectī
posse; nōn ita tamen fit. Nam Prōserpina, dum errat in hortīs

patēre -uisse

cingulum -ī *m*

intel-legere -ēxisse -ēctum

Olympus -ī *m* = mōns Graeciae, ubi deī
habitant

con-vertere -tisse -sum
stupēre -uisse
diū = per longum tempus

uxōrem dūcere = uxōrem suam facere

Pluto Proserpinam rapit, quae matrem clamans vocat

quī sub terrā sunt, mālum Pūnicum ex arbore carpserat; ex
quō mālō septem grāna sūmpta ēderat. Māter autem, hāc rē
175   cognitā, cum intellegeret fīliam prohibērī nē in terrās et ad
sōlem redīret, īrāta effēcit ut in agrīs nūllum iam frūmentum
crēsceret, neque ūllī flōrēs campōs ōrnārent.

    Tunc Iuppiter Mercurium, deōrum nūntium, ad Plūtōnem,
frātrem suum, mīsit, hoc ūnum ōrāns, ut Prōserpinam ad mā-
180   trem revertī sineret; nōn tamen cōnsequī potuit ut per tōtum
annum in lūce vīveret, sed tantum ut quotannīs sēnōs mēnsēs
in terrā vīvōrum habitāret, sēnōs vērō apud Īnferōs versārētur.

    Quam ob rem etiam nunc per dīmidium annum frūgēs et
flōrēs habēmus, cēterīs vērō mēnsibus frīgora sunt, imbrēs et
185   nivēs.

3. Arethūsa

Arethūsa fōrmōsissima nympha fuit, quae ūnā cum
Diānā, Apollinis sorōre ac silvārum deā, per montēs et
vallēs eō cōnsiliō errābat, ut bēstiās ferās persequerētur.

    Cum vērō ōlim Arethūsa, postquam diū per silvās cucur-
190   rerat, domum sōla redīret, ad rapidum fluvium pervēnit, cuius
frīgidae aquae, nūllō modō turbidae ac percussae radiīs sōlis,
quī in mediō caelō sine nūbibus fulgēbat, ita illūstrābantur ut
nympha ipsōs calculōs in īmō flūmine iacentēs cernere posset. In flūminis rīpīs altae arborēs, quārum in rāmīs avēs suīs
195   vōcibus pulchrē canēbant, umbram quasi offerre vidēbantur.
Aqua flūminis tam lentē currēbat, ut in utram partem flueret
oculīs cernī nōn posset.

    Locī amoenitāte allecta, et corpus sūdōre ac terrā sordi-
dum lavandī cupida, Arethūsa, veste positā, in fluviī aquās
200   intrāvit ac prīmum pedēs et crūra, deinde ventrem, tum pectus, tōtum dēnique corpus ūsque ad collum mersit.

    Cum ita in mediō flūmine nūda natāret ac frīgidārum aquā-
rum beneficiō gaudēret, subitō vōcem audīvit, quae "Ō Arethūsa" clāmāvit, "audī verba mea!" Cum autem nympha vōcem
205   quidem audīret, nēminem vērō quī loquerētur cernere posset,
ita perterrita est, ut, ex aquīs sine morā ēgressa, continuō ad
rīpam curreret, ut ex illō locō terribilī quam celerrimē fugeret.

Side glosses:

mālum Pūnicum

grānum -ī *n* = sēmen
sūmpta ēderat
  = sūmpserat et ēderat

cōnsequī = precibus efficere

sēnī - ae -a = VI et VI...

Arethūsa -ae *f*

nympha -ae *f* = nymphae sunt deae minōrēs
  silvārum et flūminum
Diāna -ae *f*
Apollō -inis *m* = deus lūcis
  et artis canendī

diū = per longum tempus
currere cucurrisse

per-cutere -cussisse -cussum

radius -ī *m*

fulgēre = clārē lūcēre

calculus -ī *m*

rīpa -ae *f* = lītus flūminis

of-ferre (< ob-) = dare, sē datūrum esse
  ostendere

amoenitās -ātis *f* < amoenus
  sūdor -ōris *m*

con-vertere -tisse -sum

Alphēus - ī *m*

Ipsum tunc flūmen, in ingentem fōrmam hūmānam conversum, ē mediīs aquīs surrēxit et magnā vōce: "Ō Arethūsa" iterum inquit, "nōlī fugere! Quō curris? Alphēus sum, 210
huius flūminis deus, quī postquam tē tam pulchram cōnspexī, tantō amōre sum affectus, ut sine tē iam vīvere nōn possim! Manē, ō fōrmōsissima nymphārum!"

re-linquere -līquisse -lictum

At Arethūsa tam perturbāta est, ut, oblīta sē in alterā rīpā vestem relīquisse, alteram partem fugiendō peteret; itaque, 215
sīcut erat, fūgit sine vestibus. Alphēus vērō, cum eam nūdam

ārdēre -sisse = ūrī (animō)

vidēret ex aquīs ēgredientem, etiam magis amōre ārsit. Arethūsa currēbat; ille autem ferus eam persequēbātur, ut aquilae parvās persequuntur avēs, quae, perterritae, inter rāmōs et folia arborum trementēs sē occultāre cōnantur. 220

Neque cōnstitit nympha, sed per campōs, per montēs ar-

operīre -uisse -rtum

boribus opertōs, per vallēs obscūrās ubi nūlla erat via, per saxa tam celeriter currēbat, ut ex pedibus multum sanguinis flueret. Nec vēlōcior erat Alphēus: sed tandem Arethūsa tam fessa fuit, ut iam currere non posset. "Heu! Quid faciam?" 225
inquit, "Quōmodo fugiam? Ubi mē occultem?" Pedum sonō terrebātur; capillī in capite horrēbant, cum terribilem illum deum appropinquantem audīret. Tunc "Auxilium fer, Diāna!" invocat, "Sī mē amās, quae saepe et arcum et sagittās tibi tulī, servā mē!" 230

im-mittere (< in-)

Diāna, sīc invocāta, animō valde mōta est; itaque ex altō caelō nūbem in nympham suam immīsit, quā eam occultāret. Alphēus frūstrā eam sīc nūbe opertam quaerēbat et ignārus bis aspexit stupēns omnia loca atque vestīgia circā nūbem in quā dea Arethūsam occultāverat; bis etiam "Arethūsa! Are- 235
thūsa!" vocāvit. Arethūsae vērō tunc tālis animus fuit, quālis est agnō, cum lupum audit in silvā ululantem.

discēdere -ssisse

Alphēus tamen nōn discessit: nam nūlla vestīgia pedum aliīs in locīs cernere poterat. Cūstōdiēbat igitur locum et nūbem, exspectāns tempus quō nympha appārēret. Tum sūdor 240

gutta -ae *f*

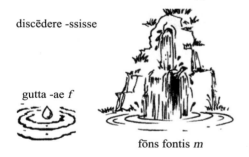

fōns fontis *m*

frīgidus Arethūsae per membra ita fluēbat, ut guttae dē tōtō corpore caderent; sī forte pedēs movēbat, lacus oriēbātur; ex capillīs aqua lābēbātur: et celerius quam nārrārī possit, in fontem mūtātur.

Diana ex alto caelo nubem in Arethusam immittit, qua eam occultat

Cum prīmum vērō Alphēus amātās aquās cognōvit, po- 245
sitā hominis fōrmā, quam eō cōnsiliō sūmpserat, ut Arethūsam persequī posset, in flūmen iterum sē convertit, ut sē
cum nymphā coniungeret. Diāna igitur terram aperuit; Arethūsae aquae, mersae in humum apertam, sub terrā Orty-
giam, ad īnsulam prope Syrācūsās sitam, vectae sunt, ubi 250
dea ad lūcem et sōlem eās iterum ēdūxit. Alphēus vērō, trīstis ac maerēns, omnī āmissā spē, ad locum ubi iam anteā
fluēbat rediit.

Posteā autem Iuppiter, tantō illīus fluviī dolōre mōtus est,
ut eum sineret sub marī longum iter cōnficere, ut ex Graeciā 255
Siciliam peteret, ac nymphae, quam tam valdē amābat, occurreret.

4. Pandōra

Iuppiter, quī deōrum est prīnceps et terrās caelumque suā
potestāte regit, valdē īrātus erat, quod Promētheus, Ūrānī
nepōs, ignem deīs surreptum hominibus dōnāverat; quī, hōc 260
beneficiō ūsī, tam multās invēnerant artēs tamque meliōrem
suam vītam reddiderant, ut deōrum auxiliō nōn iam egēre vidērentur: itaque cum Iuppiter hominēs vidēret, neglectō deōrum cultū, terrās multīs maleficiīs implēre, eōs sevērē pūnīre
cōnstituit, modumque excogitāvit, quō malīs anteā ignōtīs 265
eōs perdere posset. Vulcānum igitur fīlium arcessīvit, eumque
iussit mulierem ex aquā et terrā cōnficere, quae fōrmā pulcherrima esse vidērētur.

Vulcānus, quī arte suā multās rēs mīrābilēs cōnficere solēbat, quamquam id quod Iuppiter petēbat haud facile factū 270
erat, brevī tempore opus perficere potuit.

Deōrum quisque, Iove iubente, fōrmōsissimae virginī ita
cōnfectae aliquod dedit dōnum, ut illa hominēs allicere posset: Minerva enim pulcherrima ōrnāmenta eī dōnāvit, Mercurius vērō cōnsilia, quibus hominum animōs falleret, aliī 275
aliās rēs dedērunt.

Iuppiter igitur fēminam illam 'Pandōram' vocātam (quod
nōmen Graecōrum linguā 'omnibus dōnīs ōrnātam' signifi-
cat) Mercuriō trādidit ut ad Epimētheum, Promētheī frātrem,

Ortygia -ae f

Syrācūsae -ārum f pl: urbs Siciliae

ē-dūcere

iter itineris n < īre

Pandōra -ae f

Promētheus -ī m
Ūranus -ī m = deus caelī antīquissimus
nepōs -ōtis m = fīlius fīliī/fīliae
ā deīs

egēre = (rē necessariā) carēre

cultus -ūs m < colere

petere: poscere

Minerva -ae f: Iovis fīlia, dea artium

Epimētheus -i m

280 dūceret. Quī, quamquam ā frātre monitus erat nē ūllum
dōnum ā Iove missum acciperet, cum prīmum fōrmōsissimam illam virginem vīdit, tam multum eius pulchritūdine al-
lectus est, ut, amōre captus, statim eam uxōrem dūcere

uxōrem dūcere = uxōrem suam facere

cuperet. Plūris enim aestimāvit tam pulchram coniugem domī
285 sēcum habēre, quam frātrī dē perīculō monentī parēre. Laetus igitur domum petīvit cum eā fēminā et omnibus dōnīs pre-
tiōsīs (in quibus etiam magnum vās erat), quibus dī eam
ōrnāverant.

vās vāsis n

Iuppiter magnum illud vās Pandōrae dederat, eīque impe-
290 rāverat nē umquam illud aperīret, sed clausum magnā cum
cūrā cūstōdīret; nam in illō vāse Iuppiter, quī mortālēs pūnīre

mortālēs -ium m pl = hominēs

volēbat, omnia mala inclūserat. Mulier vērō cotīdiē vās aspi-
ciēbat, cupida videndī quid in eō continērētur. "Heu, quid faciam?" sē ipsa interrogābat, "pāreamne Iovī an vās aperiam?"
295 Fēmina, quae animō valdē perturbāta erat, nesciēbat quid faceret: saepe tam cupida erat īnspiciendī quid in illō vāse ines-

īn-spicere = dīligenter aspicere

set, ut manum extenderet ad aperiendum; sed continuō
manum retrahēbat, ut īram Iovis vītāret.

Tanta tamen erat cupiditās īnspiciendī, ut sē ā maleficiō
300 retinēre nōn posset. Accessit igitur ad vās et "Brevī" inquit,
"tantum īnspiciam quid contineat; nihil tangam; nēmō ani-
madvertet mē aperuisse: nam iterum claudam et omnia repō-
nam eō locō quō nunc sunt. Quid malī fierī potest?" Nūllō
igitur perīculō dēterrita, Pandōra eō cōnsiliō vāsī appropin-
305 quāvit, ut illud aperīret.

Cum prīmum autem leviter operculum sustulit, subitō
omnia mala, omnēs morbī omnēsque dolōrēs ex illō vāse

operculum -ī n
tollere sustulisse sublātum
morbus -ī m: qui aegrōtat morbō afficitur

exiērunt atque longē lātēque per tōtum terrārum orbem sparsī
sunt. Cum haec vidēret, Pandōra, quae perterrita erat, prōti-
310 nus vās, operculō repositō, clausit: at iam omnia mala effū-
gerant atque per terrās omnēs omnēsque domūs errābant. In
vāse nihil iam remanēbat, nisi rērum futūrārum spēs, quam
hodiē quoque mortālēs, inter tot mala, quibus afficiuntur,
semper in animīs colunt.

5. Niobē

Niobē -ēs f (acc Gr -ēn)

mortālēs -ium m pl = hominēs

pārēre peperisse
immortālēs -ium m pl = diī
con-temnere = parvī aestimāre, nōn timēre

Lātōna -ae f: dea Iovis fīlia

dēbilis -e ↔ validus

tot-idem indēcl = īdem numerus

Apollō -inis m = deus Lātōnae fīlius
Diāna -ae f = dea Lātōnae fīlia
Olympus -i m = mōns Graeciae, ubi deī habitant
superbus -a -um = quī aliōs contemnit

colere -uisse
āra -ae f (v. pāg. 19)
audēre ausum esse (perf dep)

Niobē fēmina Graeca fuit, cui septem fīliī septemque fī-   315
liae erant. Hīs vērō līberīs, quī omnibus pulchrī et for-
tēs vidēbantur, tantā laetitiā afficiēbātur, ut sē mortālium
fēlīcissimam esse crēderet. Tam magnī sē ipsa aestimābat,
quae tot fīliōs fīliāsque pepererat, ut, cum nūllum deōrum   320
plūrēs līberōs quam sē habēre vidēret, ipsōs immortālēs contemneret.

Cum igitur suōs cīvēs novum Lātōnae templum aedifi-
cantēs cerneret, iīs persuādēre cōnābātur nē id facerent, nēve
dēbilem illam deam duōs tantum līberōs habentem tam magnī
aestimārent, nēve eam nimis multum verērentur.   325

"Nōnne vidētis" inquit, "meam potestātem māiōrem esse
quam Latōnae? Ecce, faciē nōn sum minus pulchra; praetereā
septem mihi sunt fīliae et totidem fīliī adulēscentēs, quī mox
omnēs līberōs habēbunt. Sum fēlīx: quis enim neget hoc? Et
fēlīx manēbō: quis dubitet? Tanta est enim mihi līberōrum   330
cōpia, ut, etiam sī fortūna mala ūnum et alterum tollat, mihi
tamen multō plūrēs relinquat. Fortūna igitur mihi nocēre nōn
potest, neque eam metuō. Aspicite vērō quam misera sit Lātōna, quam vōs colitis et timētis: nōn nisi duōs līberōs habet,
Apollinem et Diānam!"   335

Lātōna autem, quae tālia verba ex altō Olympō audīverat,
līberōs suōs īrāta arcessīvit et "Ista fēmina superba" inquit,
"dubitat simne ego, māter vestra, dea; et eius verbīs fit ut hominēs, quī per tot saecula mē coluērunt, ā meīs templīs et ab
ārīs prohibeantur; neque hic dolor est sōlus: nam ausa est   340
suōs līberōs plūris quam vōs aestimāre!" Cum alia vellet dīcere, Apollō "Dēsine," ait "iam satis est: eam sevērē pūniē-
mus, ut intellegat hominem cum dīs immortālibus certāre nōn
posse!" Idem dīxit Diāna.

Uterque igitur ad urbem, in quā Niobē cum līberīs suīs ha-   345
bitābat, pervēnit. Prope moenia erat lātus campus, in quō currere solēbant equī, et iuvenēs currū certābant. Ibi
cōnscenderant equōs duo ex septem Niobēs fīliīs; prīmus
vērō, cum equum currentem eō cōnsiliō verteret, ut ad urbem
redīret, "Heu mihi!" subitō exclāmavit, sagittā in mediō pec-   350

tore percussus: habēnīs ex morientibus manibus dēlāpsīs, iuvenis ā dextrō latere ad terram cecidit.

Audītō sonō, frāter, quī proximus erat, equum suum virgā
pulsat, ut currat: fugientem autem adulēscentem sagitta, ex
355 Apollinis arcū missa, cōnsequitur et in collō fīgitur. Lābitur
ille in equī iubam, et terram calidō
sanguine foedat. Tertius et quārtus
ex fīliīs, postquam operī cotīdiānō
fīnem imposuerant, in palaestram
360 īverant, ut validiōra corporis membra facerent: cum vērō iam alter alterum luctandō complecterētur, ūna
sagitta eōs ita iūnctōs trānsfīxit. Simul clāmāvērunt ob dolōrem; simul membra in solō posuērunt; simul oculōs clausē-
365 runt; simul dēnique animam efflāvērunt.

Alphēnor, fīliōrum quīntus, eōs cadentēs aspicit, et continuō accurrit, ut frīgida corpora complectātur: cadit et ipse;
nam Apollō intima viscera eī rumpit ferrō. Cum vērō amīcī,
quī apud eum stābant, ferrum ēdūxērunt, ūnā cum sagittā
370 cruentā pars pulmōnis est extracta. Damasichtōn, sextus fīlius, percussus erat in eā corporis parte ubi crūs incipit; dumque manū cōnātur trahere tēlum, altera sagitta eī collum
trānsfīxit. Ultimus, nomine Īlioneus, ōrābat ut sibi dī parcerent: Apollō eius precibus lacrimīsque animō movēbātur, sed
375 sagitta iam missa revocārī nōn poterat.

Clāmōrēs pervēnerant ad aurēs mātris, cui cīvēs maestī fīliōrum mortem nūntiāvērunt. Heu! Quam dissimilis fuit haec
Niobē ab illā quae paulō ante, superba, cīvibus dissuāserat
nē Lātōnam colerent! "Quid faciam?" clāmābat, "Quid spē-
380 rem? Quōmodo vīvam posthāc sine fīliīs meīs?" Tam misera
erat, ut etiam eius inimīcī lacrimārent. Sē prōiēcerat in frīgida corpora et omnēs fīliōs ōsculābātur; deinde tollēns bracchia ad caelum: "Pāsce" inquit "ferum cor tuum meō dolōre,
crūdēlis Lātōna: vīcistī!" Lacrimābat; at posteā, subitō: "Cūr
385 'vīcistī'? Mihi, etsī misera sum, plūra manent quam tibi, quae
fēlīx esse dīceris: adhūc septem habeō fīliās! Etiam post tot
fīliōs mortuōs, vincō!"

---

iuba

per-cutere -cussisse -cussum
habēnae -ārum *f pl*
dē-lābī = lābī

proximus -a -um *sup* (< prope)

iuba -ae *f*

foedāre = foedum facere

cotīdiānus -a -um < cotīdiē

fīnem impōnere = fīnem facere
palaestra -ae *f* = locus ubi membra arte mo-
  ventur ut validiōra fīant

luctārī

trāns-fīgere = per/trāns medium corpus
  percutere

ef-flāre (< ex-); animam e. = morī

intimus -a -um *sup* < intrā
ferrō: sagittā

ē-dūcere

ex-trahere (< ex-)

tēlum -ī *n* = pīlum vel sagitta

ultimus -a -um = postrēmus

nūntiāre < nūntius
dissimilis -e = quī nōn īdem esse vidētur
dis-suādēre + *dat* ↔ persuādēre

crūdēlis -e = saevus atque inhūmānus

virī luctantēs

Apollo et Diana Niobes liberos sagittis interficiunt

Nē dīxerat quidem haec, cum aliae sagittae ex Diānae arcū
missae sunt, quae nōn ūnam Niobēn, sed omnēs quī aderant
390 terruērunt. Subitō sex sorōrēs, quae ātrīs vestīmentīs vestītae
stābant ante corpora frātrum et mātrem cōnsōlārī cōnābāntur,
alia post aliam, cecidērunt neque mortem effugere potuērunt;
ultimam tōtō corpore māter tegēbat, clāmāns: "Ūnam mini-
mamque relinque mihi! Ex multīs minimam poscō, et ūnam!"
395 Dumque rogat, ultima quoque interficitur.

Sēdit tunc Niobē inter fīliōs fīliāsque mortuās, ipsa etiam
ferē mortua: nūlla membra movēbat: immōtīs oculīs ante sē
spectābat; ipse sanguis in vēnīs cōnstitit; nec caput iam flec-
tēbātur, nec bracchia tollēbantur: etiam viscera saxum erant
400 facta. Flante validissimō ventō in altum montem est vecta; ibi
etiam nunc saxum, in quod mūtāta est, lacrimāre nōn dēsinit.

mittere = iacere

tegere tēxisse tēctum = operīre

ferē = paene
im-mōtus -a -um = quī nōn movētur
flectere: movēre

Polyphemus in celso saxo tibiis infelicem amorem suum canit; Galatea vero ab Acide pastore amatur

AD CAPITVLVM XXX

1. Polyphēmus et Galatēa

Polyphēmus -ī *m*
Galatēa -ae *f*

Cyclops -clopis *m*

Polyphēmus fuit Cyclōps quī ōlim in īnsulā Siciliā habitābat ibique vītā rūsticā fruēbātur (Cyclōps est mōnstrum
homine altius atque fortius, quod vērō ūnum oculum in mediā
fronte habet). Ibi Galatēa, nymphārum omnium pulcherrima,
5   quae ūnā cum sorōribus Siciliae undās incolēbat, ab Acide
pāstōre amābātur.

nymphae -ārum *f pl*: deae minōrēs silvārum
et flūminum
Acis -idis (*acc Gr* Acin) *m*

Quōdam diē Polyphēmus prīmum illam vīdit, quae, ut
pulchrōs flōrēs carperet, campum petēbat, ubi Cyclōpis ovēs
pāscēbantur et herbā fruēbantur: tum statim Polyphēmus quid
10   esset amor sēnsit. Cēterārum igitur rērum oblītus, ita omnia,
praeter Galatēam, neglegēbat, ut pecora saepe domum nūllō
dūcente reverterentur.

sentīre sēnsisse

Ut vērō amōris dolōrem, quō animus eius afficiēbātur, levāret, nōnnumquam in celsum saxum ascendēbat, unde, mare
15   prōspiciēns, tibiīs ūsus hōc modō canēbat: "Ō fōrmōsa Galatēa, cāseō candidior, agnō suāvior, ūvā mātūrā dulcior, cūr
mē amantem contemnis, sī dīligenter tē cūrō? Propter amōrem, quem in animō sentiō, iam multī diēs sunt, cum cibum
nōn sūmpsī; at equidem cibō et aquā carēre, famem et sitim
20   perferre facilius possum quam paulisper sine tē vīvere. Parce
mihi, ō pulcherrima Nymphārum! Patienter enim cotīdiē ex-
spectō dum tē tandem in campīs ambulantem aspicere liceat;
dubitō tamen an tibi appropinquāre possim: nam semper
fugis, cum prīmum mē cernis aut inter nōs aspicimus: neque
25   equidem aequō animō hoc ferre possum. At ego sciō quā dē
causā mē fugiās: tibi neque capillī neque barba mea placent,

levāre = minuere, leviōrem facere

cāseus -ī *m*
suāvis -e = quī dēlectat
con-temnere = parvī aestimāre

dum + *coni* = ūsque ad tempus quō

barba -ae *f*

frōns frondis *f* = folia arborum

antrum -ī *n*

capra -ae *f*

similis -e (+ *dat*) = quī īdem esse vidētur

placēre -uisse

per-cutere -cussisse -cussum
tremere tremuisse

prō-icere -iēcisse -iectum
iacēre -cuisse

ef-fundere < ex-fundere

Glaucus - ī *m*

Anthēdōn -ōnis *f*

rēte -is *n*

etsī capillī et barba virum decent: num tū pulchram sine fron-
dibus arborem, pulchram sine pennīs avem, pulchram sine
lānā ovem umquam vīdistī? Neque tam foedus sum: nūper
mē in aquā vīdī, et mihi vultus meus valdē placuit. Praetereā 30
dīves sum et multa possideō. Prō domō antrum aestāte frīgidum, hieme vērō calidum habeō. Veniās igitur ad antrum
meum! Sī in illud intrāveris, etiam sī inexspectāta vēneris,
semper bene tē recipiam et multōs cibōs appōnam: mihi est
enim magna cōpia lactis atque cāseī, quibus aestāte et hieme 35
fruor, nam multae ovēs multaeque caprae in meīs vallibus errant. Sī forte eārum numerum rogāveris, respondēre nōn poterō, nam sōlum pauperēs hominēs pecora numerant. Sunt
mihi etiam ūvae aurō similēs, nucēs atque varia genera mā-
lōrum, melle multō dulciōra. Sī tibi haec omnia placuerint 40
et plūra volueris, omnia quae mihi sunt habēbis. Tantum liceat tēcum versārī! Nōn ante requiēscam quam mea uxor
fueris, Galatēa." Hīs verbīs Galatēae persuādēre cōnābātur
nē sē timēret.

   Quōdam vērō diē per silvās et vallēs errābat, cum forte Ga- 45
latēam et Acin simul ambulantēs vīdit. Māximā vōce clāmāvit Cyclōps: clāmōre percussī montēs tremuērunt; Galatēa
perterrita sē in maris aquās mersit; Acis vērō, miserē fugere
cōnātus, "Ōrō tē" clāmāvit, "Galatēa, ut auxilium mihi
ferās!"; at Polyphēmus, pāstōrī illī invidēns et īrātus (ut Cy- 50
clōpem decēbat!), ē monte magnum saxum sūmpsit quod in
eum prōiēcit; Acis, saxō percussus, humī iacuit: ē saxō vērō,
quō eius corpus operiēbātur, ruber cruor effundēbātur. At
Nymphae precibus factum est ut cruor flūminis colōrem sūmeret: aqua prō cruōre fluere coepit, et Acis ipse in flūmen 55
versus est.

2. Glaucus

Piscātor quīdam, nōmine Glaucus, ōlim Anthēdōnem, īnsulam Graecam, incolēbat. Quōdam diē, postquam
multōs piscēs rētī cēperat, ē marī reversus, ita neglegenter
prope ōram maritimam ambulābat, ut per ignōta loca errāret, 60
ubi neque ūllae ovēs umquam herbam ēderant neque ūlla apis

mel ē flōribus fēcerat neque agricolae, falce ūsī, frūmentum
messuerant.

Cōnsistēns dēmum in herbā cōnsēdit ut rēte piscibus com-
plētum siccāret atque piscēs captōs numerāret. "Cum ad op-
pidum reversus erō" sēcum ipse laetus āiēbat, "hōs piscēs
vēndam et magnam pecūniam ex iīs faciam." Dīligenter igitur cūrābat ut piscēs ex rētī extractī in terrā pōnerentur.

At cum prīmum piscēs herbam tetigērunt, aliquid in-
exspectātum factum est: piscēs enim, quōs iam prīdem mortuōs esse oportuit, ut paulō ante in marī, sīc tunc in terrā
movērī coepērunt; dein, piscātōre spectante, tōtus piscium
grex, postquam ad vītam rediit, in maris undās celeriter fūgit.

Diū mīrātus, Glaucus reī causam quaesīvit. Tandem haec
sibi dīxit: "Utrum deus an herba hoc fēcit? Quid in hāc herbā
inest? Sī ego eam sūmpserō atque gustāverō, quid mihi, quid
corporī meō fīet? Hanc capiāmus atque captam gustēmus."

Haec locūtus ē terrā herbam manū carpsit atque dentibus
momordit. Sed cum prīmum herbam gustāvit, cor in pectore
palpitāre sēnsit; animus eius alterīus nātūrae amōre rapiēbātur.

Glaucō tunc subitō nōn iam vallēs et montēs placuērunt,
sed per undās et mare iter facere ibique vītam agere iūcun-
dum vīsum est. Remanēre igitur nōn potuit; suae nātūrae oblītus terram valēre iussit: "Valē, terra!" dīxit, et sine morā
corpus in maris undās mersit.

In marī ā cēterīs deīs receptus est, quī statim Ōceanum et
Tethyn rogāvērunt ut auferrent Glaucō omnia mortālia eumque deum immortālem facerent. Ōceanus igitur et Tethys
eum aquā tōtīus maris omniumque flūminum lāvērunt, ut
animum pūrum facerent corpusque mūtārent. Tunc eius animus nihil iam sēnsit, neque quidquam posteā meminisse
potuit.

Postquam vērō ad sē rediit, alium sē vīdit corpore tōtō:
tum enim animadvertit viridem sē gerere barbam, viridem et
longum habēre capillum, magnōsque sibi esse umerōs et
caerulea bracchia; praetereā crūra in piscis caudam erant
mūtāta. Nam inter cēterōs maris deōs, deus ipse factus erat.

Margin glosses

metere messuisse

com-plēre -ēvisse -ētum
siccāre = siccum facere

ex-trahere

tangere tetigisse

oportēre -uisse

unda -ae f = parvus flūctus

carpere -psisse

sentīre sēnsisse

placēre -uisse

re-cipere -cēpisse -ceptum
Ōceanus -ī m = deus ōceanī
Tethys -yos, acc Gr -yn = dea maris, uxor
  Ōceanī | au-ferre (+ dat) < ab-
omnia mortālia: omnēs rēs mortālēs

lavāre lāvisse

meminisse ↔ oblīvīscī

animadvertere -vertisse
viridis -e = herbae colōre
barba -ae f (v. pāg. 53)

caeruleus -a -um = mare/caelī serēnī colōre

Navis qua Ceyx vehitur, toto mari tempestate turbato, huc illuc iactatur

3. Ceyx et Alcyone

Cēyx -ycis *m*
Alcyonē -ēs *f*

Fuērunt ōlim duo coniugēs: virō Cēyx, uxōrī vērō Alcyonē
nōmen fuit. Nēmō iīs laetior erat in tōtā Graeciā, nam
100   alter alterum valdē amābat.

     Quōdam diē Cēyx templum Apollinis Delphīs situm vī-
sere cōnstituit, ut deum cōnsuleret. Alcyonē autem, cum prīmum hoc nōvit, acerbō dolōre affecta, lacrimās per genās
effūdit tōtōque vultū palluit et, postquam ter frūstrā prae trī-
105   stitiā cōnāta est loquī, tum dēmum "Heu, mē miseram!" inquit, "Nōn iam mē amās, ō Cēyx? Num ita molesta sum tibi,
ut abīre mālīs quam mēcum manēre? Praetereā multa genera
perīculōrum nāvigantibus impendent: sī nāvis saxīs occurre-
rit, frangētur; sī vorāginī, mergētur; sī tempestās orta erit,
110   magnī flūctūs nāvem aquā implēbunt… Nūllum mare tūtum
est ā perīculīs! Neque requiēscere poterō, antequam in patriam salvus reversus eris. Sinās mē tēcum īre! Sī necesse
fuerit morī, simul moriāmur!"

     Cēyx autem nec uxōrem sēcum īre sīvit nec eius verbīs ā
115   nāvigandō dēterritus est, sed iussit eam bonō animō esse et
patienter exspectāre, dum ipse aberat. Etiam prōmīsit sē brevī
ex itinere reversūrum esse.

     Cum igitur in portū gubernātōrem, quī nāvī praeerat,
'nāvem profectūram' nūntiantem audīret, tum dēmum uxō-
120   rem valēre iussit et, ōsculō datō, nāvem parātam cōnscendit.

     Coniūnx vērō, gubernātōre imperante ut nāvis rēmīs age-
rētur, prōtinus perturbāta ad terram cecidit et lacrimāvit. Iam
singulī nautae singulōs rēmōs sūrsum deōrsum movēbant et
nāvis ē portū proficīscēbātur. Alcyonē tamen nōn surrēxit,
125   sed oculīs ūmentibus marītum quaerēbat, quī in celsā puppī
stāns manum agitābat. Deinde nāvis longius ā terrā recessit et
coniugēs nōn iam inter sē aspicere poterant; Alcyonē vērō,
in lītore manēns, prīmum nāvem, tum mālum, dēnique vēla
spectāvit. Postrēmō, ubi nē vēla quidem vīdit, maesta domum
130   rediit et lectō incubuit, neque vērō quiēscere potuit: nam ipse
lectus vacuus marītum abesse monēbat: Alcyonē misera iterum iterumque super lectum sē convertēbat, neque tamen ūllō
modō dormīre poterat.

Apollō -inis *m* = deus lūcis et artis canendī
cōnsulere (aliquem) = cōnsilium poscere (ab
  aliquō)
acerbus -a -um = molestus, dūrus
ef-fundere < ex-fundere
pallēre -uisse

sinere sīvisse

ūmēns -entis *adi* = ūmidus
agitāre = celeriter hūc
  illūc movēre

mālus -ī *m*

in-cumbere -cubuisse (+ *dat*) = cubantem sē
  pōnere

mālus -ī *m*

operīre -uisse -rtum

augēre -xisse -ctum

aliō *adv* = in/ad alium locum | aliī aliō (: aliquī
   ad aliquem locum), *aliī aliō* currunt

ē-mergere -mersisse = exīre (ex aquā)

Īris -idis *f*

nūntius *m*, nūntia -ae *f*

ex-ōrnāre = ōrnāre

somnium -ī *n* = quod in somnō vidētur

spēlunca -ae *f*

cālīgō -inis *f* = obscūra nūbēs

nebula -ae *f* = nūbēs quae terram operit

ibi cālīgō nebulīs miscētur = ibi obscūrissimae
   sunt nebulae | silentia : silentium

diū, *comp* diūtius

vapor -ōris *m*: ex aquā nimis calidā oritur
   vapor

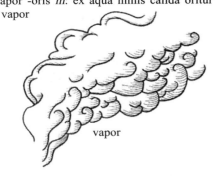

vapor

Interim, cum nautae ventō secundō ūterentur, gubernātor omnia vēla ventīs darī iussit. Tum, cum omnēs gaudērent quod marī tranquillō fruēbantur, ventus inexspectātus flāre coepit brevīque caelum nūbibus ātrīs opertum est. Continuō flūctūs auctī sunt et, ūnā cum tonitrū et fulguribus, magna tempestās orta est. Itaque gubernātor clāmāns vēla contrahī iussit, sed ob strepitum nautae audīre nōn poterant. Dum aliī aliō currunt, omnēs dubitābant utrum ē tempestāte servārī possent an dē salūte dēspērāre dēbērent. Flūctūs tam altī surgēbant ut ātrās nūbēs tangere vidērentur. Tōtō marī tempestāte turbātō, nāvis hūc illūc iactābātur et flūctibus operiēbātur. Repente aquārum impetū nāvis est frācta et omnēs, quī eā vehēbantur, in aquam cecidērunt. Aliī ligna frācta tenēbant, aliī bracchia agitābant. Cēyx autem dē suā Alcyonē cōgitāns: "Valē, Alcyonē! Valē!" trīstī vōce clāmābat. Postrēmō altissimō flūctū mersus est nec iam sūrsum ex īmō marī ēmersit. 135 140 145 150

Cum haec ex caelō spectāret, Iūnō, deōrum rēgīna, Īridem, suam nūntiam variīs colōribus exōrnātam, vocāvit et eī imperāvit ut somnium ad Alcyonem mitteret, quō coniugis mors nūntiārētur. Īris igitur, vēlōcissima ad Somnī spēluncam volāvit (Somnus enim est deus cui somnia oboediunt). Ibi cālīgō nebulīs miscētur, nec ūllus sonus silentia rumpit: omnia, mūta, quiēscunt. Postquam verba Iūnōnis nūntiāvit, Īris prōtinus abiit, nam diūtius vapōrēs, quibus tōta spēlunca complēbātur, perferre nōn potuit. Itaque Somnus ūnum ex mīlle somniīs ēlēgit, quod ad Alcyonem mīsit. 155 160

spēlunca

Somnium igitur, fōrmā Cēycis indūtum, Alcyonēs cubiculum intrāns super eius lectum stetit et "Ō, miserrima coniūnx!" inquit, "Cēyx sum, quem vīvum valdē amābās neque vīvum iterum vidēbis. Numquam domum revertar, ut ipsa timēbās, nam nāvis saevissimā tempestāte frācta in īmō marī iacet. Valē, ō dīlectissima coniūnx!" 165

Cum prīmum Alcyonē hoc audīvit, cor in īmō pectore contrahī sēnsit et statim ē somnō excitāta est. Deinde ē lectō sur- 170

Somnium, forma Ceycis indutum, Alcyones cubiculum intrat

rēxit et ad lītus iit, ubi lacrimās effundēns clāmāvit: "Ō Cēyx! Cūr tēcum mē nōn tulistī? Cum tē caream, nunc vītam parvī exīstimō!" Dum alia trīstissima verba dīcit et plangit, undās aliquid apportāre vīdit. Tum marī appropinquāvit et (ō, miseram!) corpus Cēycis invēnit. "Sīc in patriam reverteris, amātissime vir!" clāmāvit et sē in mare prōiēcit. Tantus erat Alcyonēs ergā marītum amor, ut dī immortālēs ambōs coniugēs in avēs mūtārent, quae hieme septem diēs, quibus ventus in marī cessat, etiam nunc nīdīs incubāre solent. 175

plangere = maerēns et lacrimāns pectus pulsāre (anche: trīstiae causā pectus pulsāre)

prō-icere -iēcisse -iectum

ambō -ae -ō = duo simul (et ūnus et alter), uterque

in-cubāre (+ *dat*) = cubāre super

4. Horātius Cocles

Horātius -ī *m*
cocles -itis = alterō oculō carēns

Rōma nōn fuit semper magnum imperium neque tot prōvinciās habuit. Antequam prīncipēs imperium tenērent, Rōma lībera rēs pūblica fuit et antequam rēs publica esset, rēgnum fuit, cui septem rēgēs praefuērunt. Ultimus autem rēx, nōmine Tarquinius, quī nōn Rōmānus sed Tūscus erat, glōriōsus, sevērissimus et tam nēquam fuit ut 'Superbus' appellārētur. Rōmānī tamen hunc tyrannum diū perferre nōn potuērunt; itaque Tarquinius, multōrum crīminum accūsātus, ex urbe expulsus est. 180 185

pūblicus -a -um < populus
rēs pūblica = rēs omnium cīvium
rēgnum -ī *n* = rēgis imperium
Tarquinius -ī *m*
Tūscus -a -um < Tūscia; Tūscī -ōrum *m* = quī in *Tūscia* habitant
superbus -a -um = quī aliōs nūllīus pretiī esse putat

crīmen -inis *n* = id quod accūsātur

ex-pellere -pulisse -pulsum = ex aliquō locō pellere

Tūscia -ae *f*

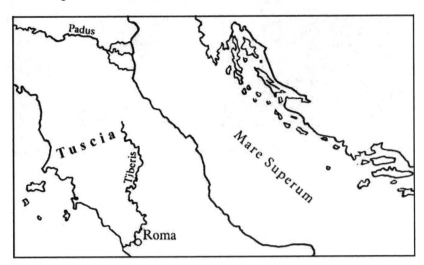

Porsenna -ae *m*

adversus = contrā

In Tūsciam autem reversus Porsennae, Tūscōrum rēgī et amīcō suō, suāsit ut bellum adversus Rōmānōs parāret; quī, verbīs audītīs fronteque contractā, ita respondit: "Equidem exercitum revertī nōn ante iubēbō quam Rōmam expugnāverō!" 190

Mīlitēs igitur Tūscī per agrōs Rōmānōs ā Porsennā dūcēbantur. Singulī peditēs gladium, scūtum et pilum acūtum fe-

195 rēbant, et sīc armātī fortiter oppida oppugnābant. Rōmānī
autem, inexspectātō bellō perterritī, ex agrīs in Urbem fugiē-   Urbem: Rōmam
bant ut vītam servārent. Postquam bellum in Urbem nūntiā-
tum est, Rōmānī exercitum parāvērunt ut Urbs, quae mūrīs et
flūmine iam satis dēfēnsa eīs vidēbātur, etiam armīs dēfen-   dēfendere -fendisse -fēnsum
200 derētur; via tamen hostibus patēbat, nam pōns super flūmen   pōns -ontis *m*
positus erat, per quem facile Rōmam intrāre poterant.

Brevī hostēs urbī appropinquāvērunt; mīlitēs vērō Rōmānī
ad flūmen accurrērunt ut eōs in fugam verterent. Magna
autem hostium cōpia erat: singulī Rōmānī contrā bīnōs aut
205 ternōs hostēs pugnāre dēbēbant. Itaque numerō hostium de-
territī in Urbem recēdēbant. Ūnus tamen ex omnibus mīlitibus nōn fūgit, sed manēns magnā vōce clāmābat: "Quō ītis,
Rōmānī? Ex animīs vestrīs timōrem expellātis! Cum hostis
pontem trānsierit, nōn extrā Urbem, sed in Urbis viīs cīvēs
210 nostrōs dēfendere oportēbit. Nisi pontem dēstrūxerimus,   dēstruere -ūxisse -ūctum ↔ aedificāre
domūs et templa tūta nōn erunt. Impetum hostium diūtius   diū, *comp* diūtius
sustineāmus! Equidem nōn ante recēdam quam pōns lāpsus
erit." Hic fortissimus mīles Horātius appellābatur, cognōmen
vērō eius 'Cocles' erat, nam alterō oculō carēbat.
215 Cum ille in mediō ponte sōlus clāmāret et gladium valdē
quateret, hostēs stupuērunt et repente pugnāre dēsiērunt. Mī-   stupēre -uisse
litem tam audācem mīrābantur et paulum metuēbant: ita
ferōx et fortis Horātius Cocles eīs vidēbātur. Deinde duo aliī
ex Rōmānīs, quōs fugae pudēbat, accessērunt ut ūnā cum
220 Horātiō pugnārent. Tum dēmum hostēs in eōs prīmum impetum fēcērunt, sed singulī Rōmānī multōs Tūscōs interficere potuērunt. Hostēs, cum sē ā tribus Rōmānīs priōre
impetū superārī vidērent, sagittās prōtulērunt quās arcubus in   superāre = vincere
Rōmānōs iēcērunt.   arcus, *dat/abl* arcubus
225 Tunc Horātius cēterōs recēdere iussit et clāmāns imperā-
vit ut pōns ignī darētur; dein "Pater Tiberis" inquit, "in tuās
undās recipe mē salvum." Cum prīmum hoc dīxit, in flūmen   unda -ae *f* = parvus flūctus
prōtinus dēsiluit, dum multa tēla ab hostibus iacta ex altō ca- tēlum -ī = pīlum vel sagitta
dunt. Sīc ūnus vir fortiter Rōmam dēfendit, quī semper ā Rō-
230 mānīs propter magnam virtūtem memorābitur .   virtūs -ūtis *f* = animus fortis

Iuppiter, forma aquilae indutus, Ganymedem in Olympum vehit

5. Ganymēdēs

Ganymēdēs -is *m*

Fuit ōlim in urbe Trōiā puer pulcherrimus, nōmine Ganymēdēs, nōbilissimīs parentibus nātus, quī tamen pāstoris
opus facere solēbat. Cotīdiē igitur sub urbe in campīs et in
silvīs, quamquam fīlius Trōiānōrum rēgis erat, cum ovibus
235 errābat. Ovēs eius nihil ēdēbant, praeter optimum pābulum,
quod in monte Īdā inveniēbātur. Itaque Ganymēdēs, māne ex
urbe ēgressus, loca, in quibus ovēs herbā pāscēbantur, celeriter petēbat.

In altō monte, cum gregem cūstōdīret, ut inter pāstorēs
240 fierī solet, pulchra carmina, etsī rūstica, tibiīs canere incipiē-
bat. Tam pulchrē canēbat Ganymēdēs ut pecus paene magis
carminibus quam cibō dēlectārētur: ovēs enim, pābulum oblī-
tae, ad eum accēdēbant, ut eum canentem audīrent.

Quōdam diē, eum in umbrā cuiusdam arboris sedentem
245 atque tibiīs canentem cōnspexit Iuppiter, deōrum pater, quī,
eius amōre statim captus, sine morā adulēscentulum in Olympum arcessere voluit ut apud sē cēterōsque deōs habitāret.
Itaque, fōrmā aquilae indūtus, dē summō Olympō dēscendit
et trāns montēs et vallēs, flūmina mariaque, ventō celerius
250 advolāvit. Pulchrum erat aquilam illam ālās sūrsum deorsum
moventem et ab īnfimō in summum āera ascendentem intuērī.

Cum prīmum ad Asiam pervēnit, in magnum orbem circum Īdam, Ganymēdem quaerēns, volāvit. Quem, cum prīmum vīdit, hīs verbīs salvēre iussit: "Salvē" inquit,
255 "pulcherrime puer. Ego sum Iuppiter, quī tē ōrātum veniō ut,
relictīs mortālium rēbus, ad deōrum immortālium domōs
mēcum ascendās, ubi beātā vītā fruēris mihique vīnum in pōcula fundēs. Gaudēbō, sī mēcum venīre volueris." Cui Ganymēdēs "Eāmus," respondit, "sī hoc tibi, summe Iuppiter,
260 placet. Equidem id, quod mihi suādēs, magnum bonum esse
cēnseō. Gaudēbō ego quoque et iūcundam vītam agam inter
deōs, sī tēcum vēnerō."

Cum prīmum hoc audīvit, Iuppiter "Ergo," inquit, "quoniam tam cupidus es mēcum veniendī, Olympum petāmus:
265 tē statim illūc veham." et puerum apprehēnsum portāvit, ca-
vēns tamen nē candidīs Ganymēdis membrīs unguibus nocē-

ē nōbilissimīs parentibus

sub urbe: apud urbem

Trōiānī -ōrum *m pl* = quī in urbe Trōiā habitant

Īda -ae *f* = mōns apud Trōiam

adulēscentulus -ī *m* = adulēscēns (nōndum
XX annōrum) | Olympus -ī *m* = mōns
Graeciae, ubi deī habitant

ad-volāre

āēr, *acc* āera

relinquere -līquisse -lictum
mortālēs -ium *m pl* = hominēs

vītam agere = vīvere

apprehendere -prehendisse
-prehēnsum

unguis -is *m*

ab-esse a-fuisse (< ab-fuisse)
ab īmīs *locīs* ad summa *loca*

ret; neque diū, quamquam iter satis longum erat, Iuppiter domō āfuit, sed celerrimē, ut Trōiam pervēnerat, ita inde, ab īmīs ad summa ascendēns, rūrsus ēvolāvit, domumque rēctā viā iterum petīvit. 270

Ganymēdēs autem, dum in āere vehitur, novā volandī potestāte dēlectātus et cōnspectūs pulchritūdinem mīrātus, studiōsus omnia aspiciendī, Iovem rogāvit ut altius in caelum sē levāret. Tunc deōrum pater, quī adulēscentulō pārēre volēbat, in summum caelum ascendit, unde Ganymēdēs dēspiciēns 275 magnās Asiae, Eurōpae atque Āfricae partēs cernere potuit; quibus vīsīs māximē gaudēbat.

Cum dēmum Iuppiter domum cum puerō reversus est, eī ministrī opus dedit, ut semper in triclīniō, inter deōrum convīvia, vīnum aquae mixtum sibi hospitibusque suīs in pōcula 280 funderet.

AD CAPITVLVM XXXI

1. Deucaliōn et Pyrrha

Deucaliōn -ōnis *m*
Pyrrha -ae *f*

Antīquissimīs temporibus hominēs tam scelestī factī erant, ut, īnfīdī et falsī, omnis generis iniūriās facerent, neque quidquam magis optārent quam aurum et dīvitiās, quārum cupidissimī esse vidēbantur. Cum sibi deōs verendōs

5 esse negārent eōsque contemnerent, manūs nōn abstinēbant ab aurō quod in templīs servābātur, et tam nēquam atque iniūstī erant ut aliī crūdēlissimī ergā līberōs essent, aliī patrēs suōs ipsī necārent; nam neque patrēs amābant līberōs, neque līberī patrēs: aliī aliōs ōderant. Neque eōs scelerum

10 pudēbat suōrum.

con-temnere = parvī aestimāre

Cum prīmum vērō Iuppiter per Mercurium, deōrum nūntium, tālia scelera cognōvit, tantās hominum iniūriās sevērissimē pūniendās esse putāvit. Tōtum igitur hūmānum genus flūctibus perdere statuit. "Perdendum est" inquit, "mortāle

15 genus! Pereant hominēs, cum tam scelestī sint! Pūniantur quam celerrimē omnēs!"

genus mortāle = genus hominum (: hominēs)

Mercurius vērō, quī duōs hominēs probōs et iūstōs esse nōverat, Iovī suāsit ut clēmēns esset iīsque parceret. Iuppiter igitur postquam Deucaliōnem eiusque uxōrem, Pyrrham nōmine,

20 quōs Mercurius praeter ceterōs servandōs esse cēnsēbat, in rate quādam posuit, ventōs omnēs līberāvit, nūbibusque ātrīs tōtum caelum operuit; deinde ingentēs imbrēs dē caelō mīsit, et aquās tōtīus orbis ita auxit, ut omnēs terrae mergerentur: omnia mare erant, et lītora quoque marī dēerant. Etiam flū-

25 mina per apertōs campōs celerrimē fluentia sēcum arborēs et pecora et hominēs ipsāsque vīllās rapiēbant et abdūcēbant.

ratis ratis *f*

operīre -uisse -rtum
augēre -xisse -ctum

65

Deucalion et Pyrrha, capitibus opertis, lapides post se iaciunt, ex quibus viri et feminae nascuntur

Fluctūs operiēbant omnia; ipsa tēcta altissimārum domuum et summae montium partēs sub aquīs latēbant: ubi modo ovēs herbam carpēbant, ibi nunc piscēs natabant.

domus, *gen pl* domuum

30   Cum vērō omnēs cēterī altissimīs in flūctibus perīrent, ūnus Deucaliōn, quī multīs cum lacrimīs hominēs undīs mersōs perīre vidēbat neque eōs ūllō modō iuvāre poterat, rate vectus cum uxōre suā servātus est.

Post multōs vērō diēs, postquam iam omnēs mortuī erant
35   et Iuppiter suam īram dēposuerat, Deucaliōn et Pyrrha, aquīs recēdentibus, ad summum montem Parnāssum pervēnērunt, quī mōns altissimus est. Coniugēs igitur, quī sōlī ex tot mīlibus hominum superfuerant, ē rate in terram dēscendērunt. At cum Deucaliōn tōtum orbem vidēret animālibus vacuum et
40   terrās hominibus omnibus carēre, inter lacrimās sīc ad uxōrem locūtus est: "Ō soror, ō coniūnx: nōs duo tantum superfuimus; cēterī omnēs flūctibus mersī sunt. Nunc genus mortāle in nōbīs duōbus sōlīs restat. Sīc voluit Iuppiter."

īra -ae *f* = animus īrātus
dē-pōnere
Parnāssus -ī *m*: mōns Graeciae

superesse = reliquus esse

re-stāre = reliquus esse

Uterque flēbat et auxilium ā deīs poscēbat. Ad Themidis
45   templum igitur, quod in monte situm erat, iērunt; quō cum prīmum pervēnērunt, humī prōcumbentēs, ita precātī sunt: "Ōrāmus tē, ō Themi, ut nostrīs precibus moveāris: auxilium nōbīs ferās et dīcās quōmodo iterum terrās hominibus implēre possīmus et efficere ut genus mortāle rūrsus nāscātur."

Themis -idis *f*: dea quae quidquid iustum est statuit et cūstōdit

prō-cumbere ↔ recumbere

50   Dea, hīs precibus mōta, ita respondit: "Discēdite ā templō; vestibus capita vestra operīte et cingula solvite: deinde post terga iacite ossa magnae mātris!" At Pyrrha id, quod dea imperābat, facere nōlēbat: "Ignōsce mihi, deārum optima: ego tamen dubitō an id facere audeam, quod iubēs; nōlō enim,
55   iactātis ossibus, mātrem mortuam iniūriā afficere!"

cingulum -ī *n* (*v. pāg.* 41)

Quoniam vērō ex interiōre templī parte eadem verba iterum iterumque repetēbantur, Deucaliōn uxōrī suāsit ut deae sibique ipsī cōnfīderet: "Nōlī timēre" inquit, "amātissima coniūnx: cōnfīdendum ā nōbīs est deae verbīs; neque enim
60   umquam dea suādēbit ut scelera faciāmus. Magna māter terra est; et arbitror lapidēs in corpore terrae 'ossa' ā deā nōminārī: lapidēs igitur iubet nōs post terga nostra iacere! Id faciendum est nōbīs! Faciāmus, quod dea imperat!"

interior -ius *comp* < intrā

cōnfīdendum ā nōbīs est = nōs cōnfīdere oportet

lapis -idis *m*

Discēdunt; capita vestibus operiunt, cingula tunicārum solvunt et post sē lapidēs iaciunt. Lapidēs (mīrābile dictū!) ut cēra molliuntur; postquam vērō mollēs fiunt, fōrmam accipere incipiunt. Pars, quae in illīs ūmida fuit, in corporum membra est conversa; quod dūrum erat in ossa mūtātum est; quae lapidum vēnae fuērunt, suum nomen retinuērunt, et corporum vēnae factae sunt. Brevī deōrum potestāte factum est ut lapidēs, quōs Deucaliōn iēcerat, virōrum faciem sūmerent; ex iīs vērō, quī ā Pyrrha iaciēbantur, fēminae nāscerentur.

2. Promētheus

Promētheus fuit fīlius Titānī, nōmine Īapetī, et Nymphae, quae Clymenē appellābātur.

Postquam deī omnia cētera animālia in mundō posuerant et etiam hominēs ex terrā ūmidā et mollī ignī mixtā confēcerant, Epimētheō, Promētheī frātrī, imperāvērunt ut singulīs animālibus mūnera daret. Epimētheus igitur aliīs celeritātem dedit, quā vēlōcissimē currentēs ā bēstiīs ferīs sē persequentibus fugere possent; aliīs vērō unguēs et dentēs, quibus et impetum in aliās bēstiās facerent et sē ipsa dēfenderent; aliīs dēnique pilōs multōs, quibus totum corpus tegerent et facilius frīgora paterentur.

Cum tamen Epimētheus parum prūdēns esset, omnia mūnera cēterīs animālibus trādidit, hominī vērō nihil relīquit. Quid ergō hominēs facerent? Nūdī, inermēs, miserī in silvīs et in campīs errābant, neque quidquam habēbant quō ā ferīs aut ā tempestātibus sē tuērentur. Aut igitur frīgore moriēbantur, aut ā ferōcibus bēstiīs occīdēbantur.

Promētheus vērō, quī hominibus bene volēbat, aliquō beneficiō eōs afficiendōs esse statuit. Cum igitur cōgitāret quōmodo eōs adiuvāre posset, et in summā Olympī montis parte, ubi deī domōs suās habent, ambulāret, subitō currum Sōlis cōnspexit, quem nēmō cūstōdiēbat. Clārissimē lūcēbat flammīs, et igneōs radiōs in omnēs partēs ēmittēbat. Tum Promētheus, postquam cautē circum sē aspexit num quis venīret, curruī appropinquāvit, ut inde ignis scintillam sūmeret, quam

convertere -tisse -sum = mutare
re-tinēre -tinuisse -tentum

lapidum venae

Promētheus -ī *m*

Titānus -ī *m* : Titānī -ōrum *m pl* = deī antīquissimī, fīliī Caelī et Terrae | Īapetus -ī *m*
Clymenē -ēs *f*

Epimētheus -ī *m*
celeritās -ātis *f* < celer

unguis -is *f* (*v. pāg.* 63)
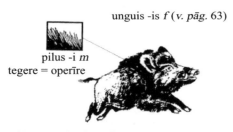
pilus -i *m*
tegere = operīre

relinquere -līquisse -lictum
in-ermis -e ↔ armātus

tuērī = tūtum facere, dēfendere

scintilla
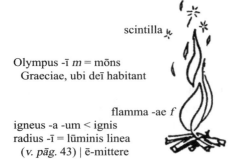
Olympus -ī *m* = mōns Graeciae, ubi deī habitant
flamma -ae *f*
igneus -a -um < ignis
radius -ī = lūminis linea (*v. pāg.* 43) | ē-mittere
scintilla -ae *f*

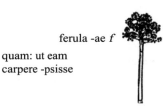

ferula -ae *f*

hominibus dōnāret. Dum vērō ad currum accēdit, ferulam in
100 hortō vīdit, quam eō cōnsiliō carpsit, ut in eā ignem latentem
ad hominēs portāret.

quam: ut eam
carpere -psisse

Ex Olympō igitur dēscendit Prome-
theus ferulam manū gerēns, quā ignis
scintilla continēbātur. Postquam in cam-
105 pōs pervēnit, hominēs vīdit hūc et illūc er-
rantēs atque trementēs; quibus arcessītīs:
"Nōlīte iam timēre quidquam, hominēs!"
inquit, "Mūnus enim in hāc ferulā vōbīs
afferō, quō et frīgus et ferās repellere po-
110 teritis. Posthāc nihil iam vōbīs timendum
erit." Quibus verbīs cōram hominibus dictīs, ex ferulā scintillam extrāxit; quā statim magnum ignem accendit.

Promētheus ignem
accendit

arcessere -īvisse -ītum

re-pellere

ex-trahere | accendere -disse -ēnsum
ignem accendere = ignem facere

Prīmum hominēs, rē novā perterritī, fugere volēbant; Promētheus vērō eōs retinuit atque mōnstrāvit quam ūtile illud
115 mūnus eīs esset: "Igne corpora vestra nūda et frīgentia ca-
lefacere poteritis; ferōcissimae quoque bēstiae ab igne fu-
gient, neque in vōs impetum facere audēbunt; praetereā igne
vōbīs etiam ferrum mollīre et arma cōnficere licēbit. Ignis
erit īnstrūmentum omnium artium, quās vōs continuō do-
120 cēbō!" Hominēs igitur, quī circā Promētheum erant, statim
didicērunt quōmodo ignem servārent eōque ad artēs variās
ūterentur; deinde, per nūntiōs, etiam aliī ea, quae Promētheus docuerat, cognōvērunt atque ipsī in campīs ignēs accendere coepērunt.

ūtilis -e (< ūtī) = quī prōdest
cale-facere = calidum facere

125 Iuppiter tamen dē summō Olympō dēspiciēns, postquam
illōs ignēs in terrā vīdit, Mercurium, deōrum nūntium, in terrās ubi hominēs vīvēbant mīsit, ut cognōsceret quid fieret:
"Mercurī, fīlī mī " inquit, "volā ad ea loca ubi hominēs vīvunt, et vidē quis eōs ignem servāre doceat! Sī enim didice-
130 rint etiam quōmodo igne ūtī possint, tam superbī fīent, ut nē
deōs quidem vereantur!"

superbus -a -um = quī aliōs parvī aestimat

Sīc dīxerat Iuppiter. Mercurius vērō continuō, sine morā,
patris imperiō pāruit: induit calceōs suōs aureōs et ālīs ōrnātōs, quibus ventō celerius volāre potest sīve super mare sīve
135 super terram, et, virgam manū gerēns, ad campōs, in quibus

pārēre -uisse

ignēs ab hominibus accēnsōs vīderat, volandō pervēnit. Cum autem nūbe cīnctus sē occultāret, nēmō eum cernere poterat; ipse vērō, praesēns, omnia vidēbat.

Postquam igitur Promētheum cōnspexit, quī nōn sōlum ignem inter hominēs dīvidēbat, sed etiam eōs artēs variās atque mīrābilēs docēbat, continuō ad Iovem rediit, ut eī quid fieret nūntiāret. Cum cōram eō esset, Promētheum ex Olympō aufūgisse sēcum aliquantum ignis auferentem nūntiāvit.

Iuppiter igitur, postquam haec audīvit: "Ō scelestum Promētheum!" clāmāvit, "Atque ego illī praeter cēterōs fīdēbam! Posthāc nec Titānīs nec hominī ūllī cōnfīdam: neque enim fidē meā dignī sunt: īnfīdī et nēquam sunt omnēs! Profectō Promētheum omnibus modīs cruciābō, cum prīmum eum cēperō! In montis saxō fīgētur! Tibi magnum praemium dabō, mī Mercurī, sī eum hūc retrāxeris; in eum vērō sevērissimam poenam statuam!"

Frūstrā Minerva, artium dea, cum Promētheum valdē dīligeret, Iovī, quem clāmantem audīverat, suādēre cōnāta est, ut clēmēns esset: Iuppiter autem exclāmāvit: "Quam facile, Minerva, nēquissimō illī Titānī fīliō ignōscis! Ego vērō gravissimō suppliciō eum afficiendum cēnseō, ut omnēs cēterī quī in terrīs et in Olympō vīvunt dēterreantur nē tālia turpissima scelera posthāc faciant! Profectō Promētheus pūniendus est! Veniat hūc Vulcānus! Arcessite eum!" Vulcānus, deōrum faber, cum Iovem īrātum et tālī modō clāmantem audīret, statim accurrit.

Mercurius intereā celerrimē ad terrās volāvit ut Promētheum fallācibus verbīs ac prōmissīs in Olympum retraheret. Postquam vērō cōram deīs fuit, Iuppiter hanc sevērissimam gravissimamque poenam in eum statuit: ut in monte Caucasō catēnā ferreā vincīrētur; praetereā ut aquila cotīdiē eius iecur interdiū vorāret, quod nocte iterum nāscerētur, nē supplicium umquam fīnem habēret.

Post multa mīlia annōrum tamen, cum Herculēs per eās regiōnēs errandō trānsīret, sagittā ex arcū ēmissā, aquilam interfēcit et Promētheum, quī eī beneficium fēcerat, ex tantō suppliciō tandem līberāvit.

cingere cīnxisse cīnctum

accurrere -currisse

Caucasus -ī *m* = mōns Asiae

inter-diū ↔ nocte

Herculēs -is *m* = Iovis fīlius fortissimus (*v. pāg.* 14)
trāns-īre

140

145

150

155

160

165

170

70

3. Dē Centauromachia

Centaurī mīra mōnstra fuērunt, quibus vultūs, pectora et bracchia ho-
175 minum erant, cētera vērō corporis
membra equīna; nātūram vērō ferōcem
et saevam habēbant.

Ōlim Pīrithous, Lapithārum rēx, cum
Hippodamēn, fōrmōsissimam virgi-
180 nem, uxōrem dūcere vellet, ideō convīvium parāverat, ad quod etiam ferōs
Centaurōs ūnā cum cēterīs per nūntiōs vocāvit. Servī domum
tōtam multīs pulchrīsque flōribus exōrnāverant, vestibus pre-
tiōsīs omnēs lectōs strāverant, in mēnsās vāsa argentea, in
185 quibus cibōs optimōs appōnēbant, et pōcula aurea, in quae
fundēbant dulcissimum vīnum, imposuerant. Tībīcinēs et fidicinēs tam iūcunda carmina canēbant, ut omnēs hospitēs
valdē dēlectārentur. "Sānē laudandī sunt" dīcēbant inter sē,
"et servī, quī tam bene omnia ad convīvium parāvērunt, et hī
190 fidicinēs tībīcinēsque, quī tam pulchrē canunt, ut valdē animōs nostrōs dēlectent. Sed ubi est uxor Pīrithoī?"

Cum haec dīcerent, Hippodamē, pulcherrima virgō, ūnā
cum aliīs fēminīs et mātrōnīs triclīnium intrāvit. Omnēs Pīri-
thoum 'fēlīcem' illā coniuge dīcēbant. Pīrithous vērō: "Cibōs
195 et vīnum, amīcī" ait, "sine morā ā ministrīs postulāte: iī enim
dabunt vōbīs quidquid optāveritis! Gaudeāmus, nēque quisquam maereat! Quisquis dē hōc laetō convīviō gaudet, pōculum tollat et bibat mēcum! Nunc bibendum et gaudendum est!"

Diū igitur omnēs laetī ab ōvō ūsque ad māla fābulābantur
200 optimōs cibōs gustantēs et vīnum, quod ministrī in pōcula
fundēbant, magnō cum gaudiō pōtantēs.

At subitō Centaurī, quī plūrima merī pōcula funditus
exhauserant, multō vīnō ēbriī, mēnsās humī prōiēcērunt et
tōtum convīvium turbāre coepērunt. Quīdam eōrum, nōmine
205 Eurytus, quī māximē ēbrius erat, Hippodamēn rapuit; aliī rapuērunt quās poterant; puellārum mātrōnārumque clāmōribus tōta domus replēbātur: "Heus, tū, mōnstrum!" clāmābant,
"Abstine manūs ā mē!" "Ō virī, auxilium ferte!" Omnēs igi-

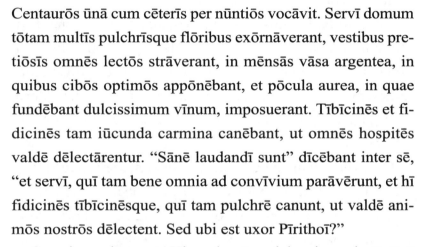

tur virī, cum haec indigna scelera fierī vidērent, statim ē lec- 210
tīs surrēxērunt. Thēseus, fortissimus iuvenis, ad Eurytus
conversus: "Quae stultitia tē," inquit, "sceleste, capit, quī Pī-
rithoō ita nocēre cōnāris? Tē hoc turpissimum scelus sine
poenā facere nōn sinam!"

Thēseō autem loquentī nihil Eurytus respondit, (neque
quidquam dīcere poterat, ut verbīs sē dēfenderet!) sed iniūriae 215
iniūriam addidit et saevīs pugnīs eius ōs ac nōbile pectus pul-
sāvit. Tunc Thēseus "Prōfectō tū," inquit, "quī nōn modo fēminam illam pulcherrimam abdūcere ausus es, sed etiam mē
nunc verberās, capite pūniendus es!"

Haec verba locūtus, signum magnum et grave, quod tri- 220
clīnium ōrnābat, sustulit et in Centaurī ōs mīsit. Ille, san-
guinem cum vīnō mixtum ex ōre effundēns, cecidit supīnus
in terram neque iam movērī potuit. Tum aliī Centaurī ferō-
citer pugnāre coepērunt et "Arma! Arma!" magnīs vōcibus
clāmābant. 225

Cum vērō vīnum animōs valdē excitāret, saeva pugna facta
est. Plūrēs ex utrāque parte moriēbantur: nec tamen Lapithae
dēterrēbantur nē Centaurōs oppugnārent, sed: "Fortissimus
quisque arma sua capiat!" clāmābant; "Centaurī necandī sunt!
Pereant Centaurī!" neque prius pugnāre dēsiērunt, quam mā- 230
ximam Centaurōrum partem interfēcērunt, cēterōs vērō au-
fugere vīdērunt.

4. Tantalus

Tantalus, Iovis fīlius, cum nihil magis optāret quam
pōtiōnēs et cibōs, inter deōrum convīvia hospes esse
solēbat: ab ōvō ūsque ad māla cum deīs cēnābat, quōs dē 235
variīs rēbus fābulantēs audiēbat; omnēs igitur, cum illī praeter
cēterōs fīdere solērent, etsī summīs dē rēbus cōnsilia
interdum capiēbant, līberē tamen inter sē, eō praesente,
loquēbantur.

At fide Tantalus dignus nōn erat: nam post convīvia cōram 240
amīcīs omnia super deōs eōrumque cōnsiliīs nārrābat.
Hominēs tamen Tantalō nōn crēdēbant: eum enim malum
nūntium esse et falsōs rūmōrēs nūntiāre putābant.

---

stultitia -ae *f* < stultus

mīsit: iēcit
ef-fundere -fūdisse -fūsum (< ex-)
supīnus -a -um = in tergō iacēns

prius... quam

Tantalus -ī *m*

cōnsilium capere = cōnstituere
inter-dum = nōnnumquam

Ōlim vērō, inter convīvium, deī per quōsdam nūntiōs
245 cognōvērunt Tantalum omnia cōnsilia, dē quibus immortālēs
inter sē loquī audīverat, cōram hominibus dīxisse. Quod cum
prīmum deī scīvērunt, scelestum illum capite pūnīre
cōnstituērunt. Omnēs igitur simul 'Tantalum interficiendum
esse' magnā vōce clāmābant. Iuppiter autem deōs ita
250 clāmantēs interpellāvit et "Nōlīte Tantalum interficiendum
esse dīcere!" inquit, "Clēmentēs estōte! Tantalus nōn est
necandus." Sed deus quīdam "Nimis clēmēns es:" inquit,
"quam facile fīliō tuō, etsī scelestō et nēquam, ignōscere
solēs!"

255 Tantalus vērō, aliquantum turbātus, ut sē excūsāret, deīs
tālia verba dīcēbat "Ignōscite mihi dēbilī: nimium ego vīnī
biberam atque ēbrius nūgās dīcere coepī. Neque vērō omnia
dīxī, nam mala memoria mihi est." Hīc Cupīdō, deus quī,
quamquam iuvenis esse vidētur, senex tamen est, simul
260 atque pōculum suum funditus exhausit, exclāmāvit: "Num
ideō tantam iniūriam nōn esse pūniendam cēnsēs? Nōnne
mōrēs nostrōs didicistī? Cōnsilia quae hīc audīs tibi
aperienda nōn sunt."

Iuppiter tandem, quī māximam inter deōs habēbat
265 potestātem, hanc sententiam dīxit ut poenam iūstam statueret
"Vītae tibi parcimus, Tantale, sed posthāc apud nōs tē cēnāre
vetāmus."

Cum igitur Tantalus, quī supplicium multō sevērius
metuerat, ob perīculum vītātum valdē laetus esset: "Ō dī
270 bonī!" exclāmāvit, "Profectō magnum praemium et magna
mūnera prō vestrō beneficiō sunt ā mē vōbīs danda: omnēs ad
cēnam magnificam domī, apud mē, invītāminī."

Diī, in triclīnium flōribus ōrnātum ingressī et in lectīs
vestibus pulcherrimīs strātīs accumbentēs, laetē apud
275 Tantalum cēnābant, quī eīs cibōs optimōs appōnēbat
pōtiōnēsque, quae eīs numquam satis esse vidēbantur, in
pōcula fundēbat. Cum igitur plūra ēsse optārent, quīdam ex
diīs, impatiēns "Age, Tantale" inquit, "aliōs cibōs accipere
volumus: iam prīdem eōs appositōs esse oportēbat! Nimis
280 tardus nōbīs vidēris esse."

immortālēs -ium *m pl* = diī

scīre -īvisse

aperīre = nōtum facere

metuere -uisse

ā mē danda sunt = mē dare oportet

invītāre = (hospitem domum suam) vocāre, recipere

73

Pelops -opis *m*

Tantalus vērō, quī cibīs carēbat, fīlium parvum, nōmine Pelopem, quem domī ēdūcāverat, eō cōnsiliō vocāvit ut eum necāret eiusque carnēs coctās deīs in convīviō cubantibus appōneret. Sīc Tantalus, quī etiam cognōscere volēbat utrum diī omnia animadverterent, carnēs miserī fīliī inhūmānē interfectī ē culīnā in triclīnium portāvit. 285

Cum autem diī aliōs cibōs tandem apportārī aliāsque pōtiōnēs fundī vidērent "Vīvat Tantalus!" clāmāvērunt, "Gaudeāmus omnēs!" Iam deōs, quōs nēmō fallere potest,

dē-cipere -cēpisse -ceptum = fallere

scelere occultātō sē dēcēpisse crēdēbat Tantalus, sed cum 290 prīmum illās carnēs in mēnsā appositās diī spectāvērunt, statim supplicium, quod Pelops passus erat, intellēxērunt.

Dea igitur quaedam, "Ō Tantale," inquit, "crūdēlissime pater: fīlium tuum necāvistī!" "Quamobrem" ait Iuppiter, "nōbīs fīliī tuī carnēs appōnere es ausus? Quis umquam tam 295 turpe et inhūmānum scelus fēcit?" Cēterīs deīs sevērissimam poenam invocantibus, "Profectō māximō suppliciō afficiēris;" inquit deōrum pater, "ō Tantale, quod nisi factum erit, etiam

scelus committere = scelus facere

hominēs nēquam, tē imitātī, tālia scelera committent; nec enim quidquam, nisi poena sevēra, huius generis hominēs ab iniūriīs 300 et maleficiīs dēterrēre potest."

Omnēs igitur convīvae ūnō ōre exclāmāvērunt: "Pereat Tantalus, pater crūdēlissimus et iniūstissimus, nē nōmine quidem patris dignus! Iuppiter eum māximīs perdat

cruciātus -ūs *m* < cruciāre

cruciātibus!" Tantalum igitur ad Īnferōs Iuppiter prōiēcit et 305 in flūmen ūsque ad medium corpus mersit ut supplicium, quod ille prō scelere factō merēbat, sūmeret.

Ex eō tempore Tantalus, in Īnferōrum flūmine stāns, fame et sitī, quae nūllum habent fīnem, excruciātur: nam simul

ex-cruciāre = valdē cruciāre

atque bibere cōnātur, aqua, quam haurīre vult, recēdit; et cum 310

pōmum -ī *n*: *pōma* sunt māla, pira, ūvae, cēt.

pōma, quae super caput sunt, sūmere cupit, ventus ea retrahit priusquam capiat. Sīc pater ille scelerātus, dēbilis et invalidus, sine cibō et sine pōtiōne semper manet.

com-pōnere < cum-pōnere

Diī vērō Pelopis membra, ut fuerant, composuērunt, eīque iterum vītam dedērunt. 315

5. Cadmus

Cadmus -ī *m*

Agēnōr, quī rēx erat in quādam Asiae urbe, postquam Iuppiter eius fīliam rapuit, cōram fīliīs locūtus est, et: "Multī iam diēs sunt" inquit, "cum Eurōpam, sorōrem vestram, nōn vīdī; ā praedōnibus eam raptam esse crēdō!"

Agēnōr -oris *m*

Eurōpa -ae *f* = Agēnoris fīlia

320 Rēx vērō, cum nescīret ubi puella esset, atque dē eius vītā valdē timēret, suāsit iuvenibus ut sorōrem quaererent et: "Sī forte" inquit "illōs scelestōs praedōnēs invēneritis, quī cruce aliīsque suppliciīs dignī sunt, nōlīte iīs ignōscere, sed, cum captī erunt, facite ut per nūntiōs rem cognōscam; nam in eōs

325 sevērissimās poenās statuere oportēbit; nisi autem fīliam ad mē redūxeritis, prohibēbō vōs iterum in hanc domum intrāre, immō etiam in ipsam patriam redīre: vōs enim nōmine fīliōrum indignōs esse cēnsēbō."

sī forte = sī fortasse

Quibus verbīs audītīs, omnēs fīliī (inter quōs erat quīdam
330 nōmine Cadmus) ē patris domō exiērunt et: "Nesciō," inquit quīdam eōrum, "quid faciāmus: nōbīs enim per tōtum mare omnēsque terrās soror quaerenda erit; nec umquam inveniēmus, nisi diū quaesīverimus." Statuērunt igitur ut aliī aliās regiōnēs peterent.

aliī aliās (: quāsdam) regiōnēs, *aliī aliās* peterent

335 At Cadmus Apollinem deum, quem dignissimum fide esse cēnsēbat, ante omnēs interrogāre voluit. Graeciam igitur petīvit, ubi Apollinis templum situm erat, ut deum rogāret ubi esset soror. Itaque vēnit ad deī templum et: "Estō mihi bonus," inquit, "Apollō; nam cōram tē venīre audeō ut dē
340 meā sorōre interrogem, quam praedōnēs rapuērunt."

Deus autem: "Nōlī crēdere sorōrem ā praedōnibus raptam esse aut iniūriam ūllam patī: illa enim bene sē habet, neque vērō tēcum redīre poterit, quia eam Iuppiter apud sē retinet. Sciō tamen patrem tē prohibuisse domum sine sorōre redīre,
345 neque hinc sine ūllō cōnsiliō tē dīmittere volō. Cum enim pius mihi videāris, tibi bene volō et auxilium feram, ut terram tibi habitandam inveniās, quae nova patria tibi erit. Hoc igitur faciās: cum ē templō exieris, vaccam pulchram vidēbis cornibus paene aureīs, quae numquam rūrī
350 labōrāvit; ea in latere plēnam lūnam gerere vidēbitur; tibi suādeō ut eam sequāris: nam ubi cōnstiterit, ibi urbis moenia

tacēre tacuisse

tibi aedificanda erunt." Apollō, haec verba locūtus, tacuit.

Cadmus vērō, quī deō pārēre volēbat, cum prīmum exiit, illam pulchram vaccam cōnspexit, quae aurea cornua gerēbat; itaque, cōnfīdēns Apollinis verbīs, eam, etsī per longum tempus terrāsque multās ambulāvit, ūsque ad locum quendam ignōtum, pulcherrimum tamen, secūtus est. Tum, simul atque eam cōnsistere et in herbā recumbere vīdit, imperāvit cuidam mīlitī (nam, cum esset prīnceps suī populī, sēcum aliquot amīcōs mīlitēsque dūcēbat) ut fontem quaereret et inde aquam afferret.

Cum vērō post longum tempus ille nōndum redīret: "Multae iam sunt hōrae" inquit, "cum mīlitem ad fontem mīsī; Cūr nōndum revertit? Eum iam prīdem hīc adesse oportuit!" Alterum igitur mīlitem arcessīvit eīque imperāvit ut priōrem invenīret. At post complūrēs hōrās nē alter quidem mīles appāruit.

Tertiō vērō mīlite missō nec posteā ūllō in locō vīsō, prīnceps metuere coepit; sed diī, quī tantum bonōs piōsque hominēs amant quantum malōs prāvōsque ōdērunt, auxilium eī ferre voluērunt: Minerva igitur, quae iuvenī prae cēterīs mortālibus bene volēbat, ē summō Olympō dēscendit, et simul atque eī occurrit: "Ō Cadme bone," inquit, "Agenoris fīlī: mīlitēs tuī interfectī sunt ā scelestissimō mōnstrō, quod apud fontem ad quem eōs mīseras vīvit. Tū tamen estō fortis! Nam illud nēquam mōnstrum pūnīre oportet, propter māximam iniūriam, quam tibi tuīsque mīlitibus fēcit. Est enim dracō tam saevus, ut hominēs vīvōs edat nec umquam satis habeat. Tibi ille ferōx dracō capite pūniendus est; cape igitur hastam tuam et cōnfīde mihi, nec quidquam malī timeās."

Minerva -ae *f* = Iovis fīlia, dea artium

dracō -ōnis (*v. pāg.* 18)

Quibus verbīs audītīs, Cadmus, nihil iam timēns: "Eāmus!" inquit, "Verba deōrum fide dignissima esse cēnseō, neque quidquam malī mē terret; quamobrem, vidē, hastam capiō quā, cum occurrerimus mōnstrō, illud occīdam. Age igitur: eī occurrāmus et vincāmus!"

Postquam dea et vir ad fontem pervēnērunt, Cadmus pulchritūdinem locī mīrābātur: erat enim silva amoenissima, rēge digna; mediā vērō in silvā alta arbor ērigēbātur, vīsū mīrābilis, sub quā erat fōns aquārum frīgidārum, quae vērē

Cadmus draconem hasta transfigere conatur

E draconis dentibus, quos Cadmus in agro sparsit, homines oriuntur

pūrae esse vidēbantur. At in ipsā arbore dea statim virō ma-
390 gnum dracōnem ostendit, quī, simul atque animadvertit eōs
adesse, īrātus rubrum suum caput ērēxit et corpus tōtum celerrimē hūc et illūc movēbat, ut eōs terrēret.

ē-rigere -rēxisse -rēctum = tollere

Cadmus vērō, cum mīlitum suōrum ossa, cruōre aspersa,
sub arbore iacentia vidēret, nūllō modō dēterritus est nē sae-
395 vum dracōnem oppugnāret, at prōtinus magnā vōce clāmāvit:
"Pereat istud mōnstrum, dignum pessimā morte! Quoniam tantam in mē et amīcōs iniūriam fēcit, certē mihi est pūniendum:
nec enim eius ferōcia me dēterret nē in illud impetum faciam!"

ferōcia -ae *f* < ferōx

Haec verba locūtus, dracōnem hastā trānsfīgere cōnābātur,
400 quī tamen celeriter movēbātur et mordēre inimīcum volēbat.

trāns -fīgere = per medium corpus fīgere

Cum vērō dea haec vidēret: "Cavē" inquit "hanc bestiam īn-
fīdam: nōn enim eam occīdēs, sī modo caput hastā petīveris:
in ventrem faciendus est tibi impetus!" Cadmus igitur magnam hastam in īmum dracōnis ventrem tantā vī tantōque im-
405 petū mersit, ut bēstiam arborī fīgeret; quae, postquam multum
venēnī per ōs effūdit, inter magnōs dolōrēs mortua est.

venēnum -ī *n* = māteria quae morbum vel
mortem affert | ef-fundere (< ex-)

Dea vērō, cum Cadmum magnā trīstitiā affectum vidēret
propter amōrem ergā fīdōs mīlitēs, quī ā dracōne tam horrendā morte erant occīsī, iuvenī, cui novōs sociōs dare volē-
410 bat, suāsit ut dentēs ex ōre dracōnis extractōs in agrō quōdam
sereret; quod simul atque factum est, ē terrā hominēs ortī sunt
arma gerentēs, quī iuvenem valdē terruērunt; sed Minerva:
"Estō fortis, mī Cadme:" inquit, " illī certē sunt hominēs malī
et scelestī, īnfīdī et falsī: nec enim quisquam inter eōs fide
415 dignus est, sed turpissima scelera facient; tū vērō, ut mortem
fugiās certam, tuā hastā ūnum eōrum ā tergō pulsā et vidēbis
eōs inter sē ūsque ad mortem pugnantēs."

socius -ī *m* = quī alterum adiuvat
ex-trahere

Minervae verbīs parēns, Cadmus tergum cuiusdam ex illīs
mīlitibus ē terrā nātīs hastā percussit: quī, crēdēns sē ab aliō mī-
420 lite pulsātum esse, eum gladiō trānsfīxit; ita iī ferī hominēs ex
agrō ōrtī suīs armīs inter sē occīdēbant; post longam autem pugnam eōrum trēs tantum mānsērunt; quōs Minerva Cadmō suāsit ut amīcōs sociōsque acciperet. Cum iīs igitur iuvenis moenia
urbis aedificāvit, quam 'Cadmeiam' ā nōmine suō vocāvit; in-
425 colae autem, post Cadmī mortem, eam 'Thēbās' appellāvērunt.

Cadmeia -ae *f*
Thēbae -ārum *f pl*

Apollo persequitur Daphnen, quae a Peneo patre in laurum mutatur

AD CAPITVLVM XXXII

1. Daphnē

Daphnē, fīlia Pēnēī, quī deus cuiusdam flūminis erat, prīmus amor fuit Apollinis; quī tamen, etiam sī puellae cupiditāte ferē cōnsūmēbātur, ab eā ut amārētur efficere nōn poterat: namque puella eum ōderat atque fugiēbat. Quōmodo id acciderit, nōbīs nārrat Ovidius poēta.

Postquam Apollō, quī deus arcū validissimus est, Pȳthōnem, anguem ingentem et tam terribilem, ut etiam diī eum metuerent, mīlle sagittīs eius corpus percutiēns dēvīcit, ob magnam victōriam valdē gaudēbat atque glōriōsus per viās ībat. Dum vērō sīc superbē sē gerit, Cupīdinem, parvulum deum, arcum amōris flectentem cōnspexit. Clāmāvit igitur ad eum rīdēns: "Nōn tibi, parve puer, fortia arma conveniunt: umerōs meōs ista decent, quī nūperrimē sōlus Pȳthonem serpentem interfēcī. Quid opus est tibi arcū? Apud mātrem maneās! Nē laudēs meās cupīveris, nēve posthāc tālibus armīs ūsus sīs!"

Tunc Cupīdō, fronte contractā: "Nōn impūne," inquit, "hoc mihi dīcis. Ecce: cūrābō ut sciās quam fortis sit meus arcus!" Ac statim sagittam acūtam ē pharetrā cēpit, quā superbum Apollinis pectus trānsfīxit. Neque Cupīdinis sagitta est similis iīs, quibus hominēs mortālēs ūtuntur, sed vim habet mīrābilem: nam tanta est illīus sagittae vīs, ut, sī quis eā vulnerātus sit, continuō saevō amōre afficiātur.

Ecce vērō, Daphnē prīma Apollinī amōre flagrantī occurrit, pulcherrima nympha quae, cum ferās in silvīs persequendō et occīdendō atque lībera per campōs currendō

Daphnē -ēs f

Pēnēus -ī m

nōn poterat efficere ut amārētur ab eā

Pȳthōn -ōnis m

anguis -is m

dē-vincere = plānē vincere

(sē) gerere = agere, sē ostendere

Cupīdō arcum flectit

serpēns -ntis m = anguis

impūne = sine poenā

pharetra -ae f

trāns-fīgere = per/trāns medium corpus fīgere
similis -e (+ dat) = quī idem esse vidētur

flagrāre = ūrī (: valdē amāre)

nympha -ae f : nymphae sunt deae minōrēs
quae silvās, montēs, flūmina incolunt

81

Diāna -ae *f* = dea Iovis fīlia, Apollinis soror

gaudēret dominamque Diānam virginem habēret, numquam virum ūllum cognōverat neque amāverat.

Vīdit nympham etiam Cupīdō, quī, quoniam Apollinem ob eius superbiam sevērissimē pūnīre cōnstituerat, alteram 30
sagittam, cuius vīs nōn excitat, immō amōrem pellit, ē pharetrā ēductam in puellam iēcit. Itaque, percussō corde utrīusque, nympha odiō affecta fugiēbat, Apollō vērō eam amōre excitātus persequēbātur. Currēbat hic; sed illa tam celeris erat, ut paene volāret. Cum capere puellam frūstrā cōnārētur, 35
sīc deus saepius clāmāvit: "Ō, mī amor, cor meum, sōla mea spēs! Nē mē fūgeris! Respice, ō, respice tantum! Vidē: nōn pāstor quīdam, sed ipse tē sequitur Apollō!" At Daphnē nōn cōnstitit: immō, celerius currēns ac timēns nē deus sē cōnsequerētur, tālia verba sēcum dīcēbat: "Utinam nē iste deus 40
mē fugientem capiat! Quis mē adiuvet? Quō fugiam? Quid faciam? Utinam salva in locum perveniam ubi extrā perīculum sim!"

percutere -cussisse -cussum

odium -ī *n* ↔ amor

re-spicere ↔ prōspicere

cōnsistere -stitisse

Mox vērō vīrēs omnēs eam dēseruērunt. Tremēbat iam tōtō corpore, pallēbat vultus, odiō erat affectum miserum 45
cor, neque iam tenuis spēs animum tenēbat. Tunc, cum suīs sōlīs vīribus ē tantō perīculō effugere nōn iam posse cēnsēret, patrem, deum flūminis, quod prope fluēbat, precāta est, ut sē adiuvāret: "Ō pater, ōrō tē ut mē adiuvēs! Aut terram aperī, aut mē in aliam fōrmam mūtā! Auxilium ā tē petō!" 50
Vix precēs dīxerat, cum subitō membra cōnstitērunt et corpus cortice operīrī coeptum est. Capillī in frondēs, bracchia in rāmōs mūtāta sunt, vēlocēs dēnique pedēs rādīcēs ēgērunt. Frūstrā nunc Apollō Daphnēs corpus complectēbātur dūrum ac frīgidum, in eius arboris fōrmam mūtātum, 55
quae 'laurus' appellātur.

frōns

cortex -cis *m*
operīrī coeptum est = operīrī coepit
frōns -ndis *f* = arboris folia

rādīcēs agere = rādīcēs
 in terrā fīgere

rādīx -īcis *f*

Exclāmāvit deus, dolōre māximō permōtus, et: "Nescīs, ō puella cārissima," inquit, "quālem deum fūgeris: at quoniam coniūnx mea esse non potes, arbor eris mea. Capillōs, fidēs, pharetramque mihi semper ōrnābis." 60

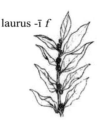

laurus -ī *f*

sacer -cra -crum; arbor sacra: arbor alicuius
 deī

Itaque ex illō tempore laurus Apollinī sacra fuit.

2. Arachnē

Arachnē fēmina fuit, quae arte suā nōbilissima erat: saepe enim nymphae ipsae silvās et flūminis aquās relinquē-bant, ut mīrābilia opera ab eā cōnfecta aspicerent. Omnēs dē-

65 lectābantur cum eam acū vestēs pingentem spectārent, eamque ūnō ōre laudābant dīcentēs 'Minervam ipsam eius fuisse magistram'. Tanta vērō erat Arachnēs superbia, ut, vim deae contemnēns, 'ā sē Minerva facile arte vincī posse' dī-cere audēret.

70 Minerva igitur, postquam tālia audīvit, sordidā veste in-dūta, cānōs sibi ipsa fēcit capillōs et baculō invalida membra ita sustinēbat, ut plānē anuī similis esset. Quae, Arachnēs domum ingressa, eam salvēre iussit et "Nē cōnsilium meum contempseris, ō Arachnē:" inquit, "ego enim sum anus, et iam

75 saepe vīdī quōmodo deī superbōs hominēs pūnīverint. Ve-niam igitur ā deā pete propter verba tua temerāria: illa ve-niam dabit." Cui vērō Arachnē, īrāta: "Nōn opus mihi est cōnsiliīs tuīs, ō stulta anus!" inquit, fronte contractā, "Bene sciō quid dīxerim, et in meā sententiā maneō: cūr nōn ipsa

80 Minerva hūc vēnit, ut mē ipsa reprehenderet? Nōvī quae sit causa: timet nē arte ā mē vincātur!"

Dum tālia dīcit, dea subitō anūs fōrmam ā sē remōvit, et sē clāram et armīs lūcentem ostendit: nymphae, quae ibi ade-rant, perterritae fūgērunt timentēs nē ipsae ā deā īrātā poenā

85 afficerentur. At Arachnē nihil timuit: "Videāmus" inquit, "utra nostrum melior sit: tū illam vestem, ego hanc acū pin-gāmus; tū ipsa sentiēs opera mea multō meliōra et pulchriōra tuīs esse: nisi forte timēs nē mēcum tē comparēs!" Minerva vērō "Imprūdenter facis" ait, "quod cum deā certāre vīs,

90 neque sciō quae superbia tibi suāserit ut hoc facerēs: poenam tuī sceleris sentiēs! Utinam posthāc deōs verērī discās!"

Sine morā inter sē certāre coepērunt: Minerva deōrum rēs gestās acū pīnxit: praeter cēterās ante oculōs appārēbat Iovis rēgis imāgō, apud quem Minerva Neptūnum stantem fēcit,

95 quī tridentem manū gerēbat; deinde sē ipsam , indūtam cli-peō et acūtam hastam gestantem, multōsque aliōs deōs pīn-xit. Dīligenter tandem cūrāvit ut extrēmās vestis ōrās

Arachnē -ēs *f*

acus

nymphae -ārum *f pl* = deae minōrēs quae silvās, montēs, flūmina incolunt

acus -ūs *f*| pingere pinxisse pictum = imāginibus ōrnāre
Minerva -ae *f* = Iovis filia, dea artium

superbia -ae *f* < superbus

cānus -a -um = albus
anus -ūs *f* = fēmina vetus
similis -e (+ *dat*) = quī idem esse vidētur
quae: Minerva
in-gredī -gressum esse ↔ ēgredī
contemnere -tēmpsisse -tēmptum

venia -ae *f* = ignōscendī grātia

in sententiā manēre : sententiam nōn mūtāre

tridēns

timēre -uisse

vestis ōra

im-prūdēns -entis
↔ prūdēns
certāre = pugnāre

hasta acūta

rēs gestās (deōrum):
rēs factās (ā diīs)

tridēns -entis *m*

gestāre = gerere
extrēmus -a -um (*sup*) < extrā
vestis ōra

clipeus -ī *m*

olea -ae *f*

Eurōpa -ae *f* = puella quam Iuppiter, taurī fōrmā indūtus, rapuit

manēre mānsisse

Phoebus -ī *m* = Apollō
Bacchus -ī *m* = deus vīnī

perītus -a -um + *gen* = quī rem bene scit

opera (: imāginēs acū pictās) spectātum convēnerant

īra -ae *f* = animus īrātus

percutere -cussisse -cussum

laqueus -ī *m*
cōnscīscere -scīvisse = statuere; mortem sibi c. = mortem sibi dare

sūcus -ī *m*: in corpore hūmānō sanguis, in herbīs sūcus inest | aspergere -sisse -sum

stāmen -inis *n* = tenue fīlum | ē-mittere
arānea -ae *f*
tēla -ae *f*
texere -uisse -xtum = ē fīlīs vestem/tēlam cōnficere

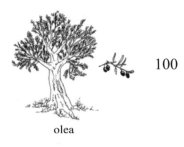

olea

oleārum foliīs ōrnāret. Arachnē vērō prīmum imāginibus illūstrat quōmodo Eurōpa apud maris lītus taurō ērepta sit: vērus taurus, vērae maris undae esse vidēbantur. Eurōpa ipsa ē dorsō taurī in marī natantis terrās spectāns relictās atque suās amīcās, quae in lītore mānserant, invocāns et ab iīs auxilium petēns cernitur: dīcerēs vōcem eius audīrī posse. Deinde multās aliās fābulās pīnxit; tum Phoebum, et Bacchum; dēnique extrēmam vestis partem pulcherrimīs flōribus ōrnāvit.

Operibus perfectīs, Minerva ipsa, quae labōrem ab Arachnē factum mīrābātur, valdē dubitāvit an vestis, quam ipsa cōnfēcerat, pulchrior esset quam vestis ab Arachnē tantā arte picta: planē enim intellegēbātur Arachnēn melius opus fēcisse pulchriōrēsque imāginēs pīnxisse.

Tunc Arachnē: "Nōnne meministī" inquit, "quid modo dīxerim? Tam certa sum mē perītissimam artis pingendī esse, ut nōn timeam nē vincar ā tē, quamquam dea es! Nē tamen dēspērāveris! Etsī tam pulchrē vestem pīnxī, ut omnibus meam artem meliōrem tuā esse dēmōnstrāverim, tamen tū quoque satis bonum opus cōnfēcistī."

Cum praetereā omnēs nymphae, quae opera spectātum convēnerant, Arachnēs opus admīrārentur atque laudārent, Minerva tam valdē illī fēminae invidēre coepit, ut īram retinēre nōn iam posset: īrātissima igitur ter quaterque eius frontem percussit. Quam iniūriam cum Arachnē aequō animō patī nōn posset, prīmum lacrimāns in locum fūgit, quō nēminem sē cōnsequī posse putābat; deinde laqueō mortem sibi ipsa cōnscīvit.

At Minerva eam inventam et in vītam reductam herbae cuiusdam sūcō aspersit; quō factum est ut tōtum eius corpus parvum fieret; in utrōque latere octō gracilia crūra appāruērunt; ex ventre vērō iam ab illō tempore stāmen ēmittit: arānea enim facta, ut anteā, etiam nunc tēlās texit.

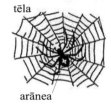

tēla

arānea

100

105

110

115

120

125

130

84

Minerva Arachnen in araneam mutat

Īō *f indēcl* = fīlia Īnachī

Īnachus -ī *m* = Graeciae fluvius

rīpa -ae *f* = lītus flūminis

in-gredī ↔ ēgredī

nemus -oris *n* = silva cum campīs

retinēre -tinuisse -tentum

animadvertere -vertisse

niveus -a -um (< nix)
 = candidus ut nix vacca -ae *f*

cēlāre = occultāre

Argus -ī *m*
cūstōdiendam: ut eam cūstōdīret

amārus -a -um = acerbus (↔ dulcis)

3. Īō

Fuit ōlim in montibus Graeciae vallis amoena ubi arborēs flōribus et herbae umbram dabant ac flūmen Īnachus per silvās campōsque fluēbat. Huius fluviī deus fīliam habēbat cui nōmen Īō dederat; ea virgō valdē iuvenis et fōrmōsa nōn modo in rīpā flūminis, vērum etiam in umbrā arborum, quae prope erant, saepe lūdēbat et sōle gaudēbat, quō campī illustrābantur. Silvam vērō ipsam ingredī numquam ausa erat, metuēns nē ferae sē caperent nēve ab iīs vorārētur. 140

At quōdam diē Iuppiter, rēx deōrum atque hominum, postquam hanc puellam aspexit, tantō eius amōre captus est, ut eī occurrere et cum eā sōlus colloquī cōnstitueret. Cum igitur sōl in caelō altissimus esset et Īō calōrem vix paterētur, dē caelō ad fluvium Iuppiter dēscendit et puellae appāruit. 145 Tum ad eam hīs verbīs locūtus est: "Dum calidus est aer" inquit "et sōl altissimus in mediō est caelō, silvam pete: nōlī ferās timēre! Ego tē in nemore dēfendam! Nē mē fūgeris, pulcherrima Īō!" Fugere enim cōnābātur neque tamen discedere poterat, nam Iuppiter eam retinuit. 150

Itaque cotīdiē, cum sōl altissimus erat, silvās petēbant in quibus Iuppiter puellae fābulās narrābat atque Īō ipsa canēbat. Iūnō autem, rēgīna deōrum atque hominum, postquam hoc animadvertit neque marītum in caelō repperit, ad terram dēscendit. Nec tantum īrāta erat, sed etiam puellam ipsam 155 ōderat. Itaque Iuppiter, nē puella ā Iūnōne inventa pūnīrētur, eam in fōrmōsam et niveam vaccam mūtāvit.

At Iūnō, quae cōnsilium eius intellēxerat, hanc vaccam ā marītō poposcit, quī, ut amōrem suum cēlāret, nihil aliud facere nisi eam uxōrī dōnāre poterat. Iūnō tamen adhūc 160 verēns nē dōnum nūper acceptum ā marītō surriperētur, hanc vaccam Argō, pāstōrī et servō suō ēgregiō, custōdiendam dedit. Is enim centum oculōs in capite habēbat neque umquam, dormiēns, omnēs claudēbat: illam igitur miseram diē nocteque spectābat. 165

Īō itaque foliīs arborum pāscēbātur, herbam amāram edēbat, aquam ex rīvīs bibēbat, nocte humī cubāns dormiēbat. Nōnnumquam ad pāstōrem manūs extendere atque eum ōrāre

volēbat, at nūlla bracchia habēbat. Cum igitur clāmāre
170 cōnārētur, mūgiēbat atque vōce suā ipsa terrēbātur. Aliquandō
cum Argō accessit ad rīpās in quibus lūdere solēbat. Quō ubi
prīmum pervēnit, sē ipsam in aquā tamquam in speculō
vidēns valdē horruit.

mūgīre = 'mū' facere (ut bōs)

horrēre -uisse

Ibi, postquam patrem trīstem sorōrēsque cōnspexit eōsque
175 secūta est, ā patre herbam accēpit et dextram eius, dum ipsa
lacrimat, ōsculāta est. Deinde litterīs, quās pede in terrā scrīpsit,
fābulam suam nārrāvit. Tum pater: "Mē miserum!" exclāmāvit,
"Nunc sciō tē nōn esse mortuam; nunc sciō cūr tū in hanc
fōrmam mūtāta sīs. Tē vērō adiuvāre nōn possum! Utinam nē
180 pāstor ille tē abdūcat! Utinam Iuppiter ipse tē adiuvet!" Nec
plūra dīcere eī licuit, nam Argus puellam in alium locum
abdūxit et ipse in summō monte, unde cūnctam terram vidēre
poterat, cōnsēdit: imperium enim Iūnōnis bene meminerat,
ideōque semper valdē cūrābat nē quis vaccam raperet.

summus mōns = summa pars montis

185 Tum Iuppiter, quī puellae numquam oblītus erat,
Mercurium arcessīvit: "Nēmō" inquit, "hominum tantā
audāciā est ut eam vī līberet. Neque hoc, dōnec Argus vīvit,
fierī poterit. Tē igitur rogō, fīlī mī, ut eum occīdās! Tum spērō
Īō līberātum īrī."

arcessere -īvisse -ītum

capra

190 Mercurius statim ālās, petasum, virgam sūmpsit; at cum
prīmum in terram vēnit, vestēs pāstōris induit et aliquot
capellās virgā per agrōs ēgit. Tum Argus postquam vīdit
aliquem capellās agentem, eum ad saxum suum invītāvit. Ibi
quamquam diū, nocte iam appropinquante, loquēbantur, Argus
195 tamen nōndum omnēs oculōs claudēbat. Itaque Mercurius eī
longam fābulam vōce tam suāvī nārrāre coepit ut dēmum
Argus obdormīverit. Cum igitur deus nārrāre dēsiit, virgā suā
somnum eī auxit, atque Argī caput gladiō secuit.

capella -ae f = parva capra
invītāre = vocāre, rogāre ut veniat

suāvis -e = iūcundus, quī dēlectat
ob-dormīre = incipere dormīre
augēre -xisse -ctum

Hoc cum prīmum Iūnō cognōvit, oculōs Argī in caudā et
200 in pennīs pāvōnis, avis suae, posuit, ubi adhūc vidērī possunt.
Vaccam autem, quam Iūnō causam mortis Argī esse putāvit,
per omnēs terrās ēgit.

pāvō -ōnis m

Tandem Īō fessa ad Nīlum pervēnit, ubi in rīpā flūminis
oculōs ad stēllās sustulit atque ōrāvit ut fīnis malōrum iam
205 esset. Nec Iūnō precēs eius contēmpsit, sed eam hāc servitūte

contemnere -tēmpsisse -tēmptum

Postquam Mercurius Argi caput secuit, Iuno eius oculos in cauda pavonis ponit

līberāvit ac fōrmam hūmānam, quam anteā habuerat, pulcherrimae puellae reddidit. Quam posteā Aegyptiī haud procul ā fluviō inventam sibi ipsī rēgīnam ēlēgērunt, eīque post mortem statuam ingentem et magnificam in templō posuērunt.

quam: Īō
rēgīna -ae f = rēgis coniūnx
statua -ae f = signum hominis

4. Baucis et Philēmōn

Baucis -idis f = uxor Philēmonis
Philēmōn -onis m = marītus Baucidis

Iuppiter, deōrum et hominum rēx, et Mercurius, fīlius eius, ōlim in fōrmam hominum sē mūtāvērunt et ad terram dēscendērunt ut mōrēs hominum vidērent. Aliquandō igitur velut pauperēs vestītī urbem magnam intrāvērunt ubi multae tabernae mercātōriae, multa templa, ingēns amphitheātrum erant. Illīc spērābant sē hominēs bonōs inventūrōs esse. Itaque singulās domōs ubi dīvitēs habitābant adībant, cibum rogābant, ab incolīs urbis quaerēbant num apud eōs aliquantum requiēscere possent. At nēmō illōrum, etsī omnēs magnās dīvitiās habēbant, bonō animō erat, immō nōnnūllī iīs minābantur atque eōs celeriter abīre iubēbant.

dīvitēs hominēs

Ō, superbam et īnfestam pauperibus urbem! Eius incolae tantum opēs suās tuēbantur atque cōpiam nummum amīcitiae praeferēbant, pauperēs vērō contemnēbant. Timēbant tantum nē quis opēs suās surriperet nēve ipsī pecūniam suam āmitterent. Ita haud rārō fiēbat ut dī verba pessima audīrent atque ā līminibus in viās pellerentur. Nam dīvitēs dīcēbant: "Abīte et nōlīte revertī! Nūllus vobīs apud nōs est locus! Nē iterum iānuam huius domūs pulsāveritis!"

opēs -um f pl = dīvitiae
nummum = nummōrum

Iuppiter et Mercurius, tālia passī, iam vix crēdēbant ūllōs esse hominēs bonōs in orbe terrārum. Vesperī autem parvam casam cōnspexērunt. "Utinam" inquit Mercurius, "illīc hominēs bonō animō, nōn nimiā audāciā habitent! Utinam nē nōs in viam pellant!" Hīs verbīs dictīs iānuam pulsāvērunt casae, in quā Baucis cum Philēmone habitābat. Hī quamquam senēs et pauperiōrēs, tamen fēlīciōrēs et meliōrēs erant hominēs quam cēterī cīvēs.

casa -ae f = parva domus pauper (v. pāg. 17)

Ubi sonum audīvērunt, Philēmōn iānuam aperuit, advenās intrāre et cōnsīdere iussit. Deinde statim ignem suscitāvit quem foliīs et cortice siccō nūtrīvit nē hospitēs frīgora

advena -ae m/f = is quī advenit

cortex -icis m/f = (v. pāg. 82) pars externa
  arboris (externus -a -um ↔ internus)
nūtrīre -īvisse -ītum = alere

prūnum

olīvae

operīre -uisse -rtum
accumbere -cubuisse
anus -ūs *f* = fēmina vetus
olīva -ae *f* | cāseus -ī *m* (*v. pāg.* 53)
prūnum -ī *n*

favus -ī *m*

animadvertere -vertisse

ānser -eris *m*

aetās -ātis *f* = annī quōs aliquis vīxit

quī : anser

cōn-fugere -fūgisse = fugere in locum tūtum

vetāre -uisse -itum

addere -didisse -ditum

summus collis = summa pars collis

pārēre -uisse

palūs -ūdis *f* = locus ūmidus

aurātus -a -um = aurō opertus

sentīrent; ipsī enim nē ligna quidem habēbant atque domus frīgida erat. Tum Philēmōn holera ex hortō allāta in culīnā parāvit et coxit. Postrēmō veterem lectum vīlibus vestīmentīs operuit: nec enim alia pretiōsiōra aut cāriōra habēbant. Postquam dī accubuērunt, anus mēnsam apposuit. Ibi in vāsīs 245 prīmum holera et olīvās et cāseum et pānem, deinde prūna et nucēs et māla et ūvās et pōculum lactis plēnum hospitibus obtulērunt. In mediā mēnsā vērō favum cum melle apium posuērunt.

Hospitēs ēdērunt et bibērunt nec tamen umquam lactis 250 copia in pōculō minuebatur. Cāseus etiam māior, mel dulcius, ūvae māiōrēs, rubriōrēs, dulciōrēs erant quam anteā. Baucis haec animadvertit et senī nūntiāvit. Ille prōtinus stupēns "Advenae" parva voce inquit, "mortālēs nōn sunt! Fortasse meliōrem et dulciōrem cibum cupiunt! Nostrum ānserem 255 occīdēmus et coctum appōnēmus."

Senex igitur domō in hortum exiit ut ānserem necāret. Ānser autem celerior erat quam senex quī ob aetātem iam nimis tardus factus erat. Itaque etsī senēx omnibus vīribus ānserem capere cōnābātur, tamen cōnsequī nōn poterat. Quī 260 dēmum per iānuam apertam domum intrāvit atque ad deōs ipsōs cōnfūgit. Dī autem senem, quī cultrum dextrā tenēbat, ānserem necāre vetuērunt. Deinde alter ē duōbus haec verba addidit: "Dī sumus, vestram casam relinquite et nōbīscum ad summum collem venīte!" 265

Tum Baucis et Philēmōn, baculīs sūmptīs, tacitī dīs pāruērunt et profectī sunt. Tandem ad summum collem pervēnērunt. Tunc eōs dī rūrsus ad casam prōspicere iussērunt. At illīc senēs nūllās aliās domōs praeter suam casam vīdērunt quae sōla in latere collis stābat; nam omnia 270 cētera palūde erant submersa. Itaque spectantēs maerēbant quod omnēs incolae urbis perierant.

Intereā dī domum eōrum in templum mūtāvērunt cuius tēctum aurātum, iānua gemmīs ōrnāta, columnae candidae erant. Tum Iuppiter, "Nōlīte" inquit "propter cīvēs improbōs lacrimāre. 275 Nōlīte eōrum reminīscī. Quis enim ignōrat quam superbī fuerint? Quis nescit quanta mala pauperēs apud eōs passī sint?

Baucis et Philemon, quorum casa in templum est mutata, Iovis sacerdotes fiunt

libenter *adv* = cum gaudiō

sacerdōs -ōtis *m/f* = vir/fēmina cuius
  negōtium est diīs servīre

sertum -ī *n* = flōrum catēna

Callistō -ūs (*acc/dat/abl* -ō) *f*
Arcas -adis *m* = fīlius Callistūs et Iōvis

Arcadia -ae *f* = Graeciae regiō

superāre = vincere, melior esse quam

fortitūdō -inis *f* < fortis
probitās -ātis < probus

rēgīna -ae *f* = rēgis coniūnx

animadvertere -vertisse

Dīcite igitur, sī quid habēre velītis, et ego vōbīs libenter dabō."
At illī timidē "Sacerdōtēs" respondērunt "tuī templī esse
velīmus, dum vīvēmus, tum etiam eōdem diē morī, quoniam   280
neuter nostrum sōlus vīvere potest. Nūllā aliā rē nōbīs opus est."

Libenter rēx deōrum atque hominum hoc, quod
postulābant, iīs dedit. Multōs igitur annōs Philēmōn et Baucis
sacerdōtēs templī Iovis fuērunt, et tandem eōdem diē dī eōs
in arborēs mūtāvērunt. Eōrum inter rāmōs etiamnunc incolae   285
illīus locī flōrum serta pōnere solent.

5. Callistō et Arcas

Callistō optima omnium feminārum in Arcadiā
habitantium fuit, Arcasque, eius fīlius, pulcherrimus
omnium puerōrum esse vidēbātur. Tanta erat eius fēminae
vīs, ut cum puellae, quae in illā regiōne vitā rūsticā   290
fruēbantur, in silvīs hūc et illūc currerent, celerrima Callistō
semper esset eāsque omnēs facile superāret; cum vērō
cantāret, vōx eius tam dulcis erat, ut bēstiae quoque ferae,
cantū eius allectae, ad audiendum accēderent; cum autem
cum aliīs puellīs flōrēs carperet, pulcherrimum quemque   295
carpēbat; cum lānam facerent, illa vestēs ēgregiās praeter
cēterās perficiēbat; cum tandem ferōcēs bēstiās perseque-
rentur, semper Callistō māximum et ferōcissimum animal
cōnsecūta capere et occīdere solēbat.

Omnēs igitur Callistō summīs laudibus afficiēbant eiusque   300
vīrēs tam multum admīrābantur ut dē eā eiusque factīs omnēs
hominēs fābulārentur, atque ūnō ōre optārent ut praemia
fortitūdinis ac probitātis ā deīs acciperet. Quod tamen initium
fuit adversae fortūnae.

Cum enim tālēs rūmōrēs et laudēs ad aurēs Iūnōnis,   305
rēgīnae deōrum, pervēnērunt, ea tantā invidiā affecta est ut,
simul atque haec audīvit, Callistum pūniendam esse statuerit.
Iūnō enim eam, quam tot laudibus superbam factam esse
cēnsēbat, minimē laudandam esse putāvit, immō sevēram
poenam in eam statuendam esse crēdidit, etiam quia Iovem,   310
marītum suum, illīus puellae amōre captum esse ani-
madverterat.

Īrāta igitur sēcum ipsa dīcēbat: "Ignōrō quae ista fēmina sit
et quid ūsque ad hunc diem fēcerit, neque eius nōmen anteā
315 umquam audīveram; at cūrābō ut eius fāma dēleātur, neu
mihi, deōrum rēgīnae, nocēre iam audeat!"

Nesciēbat autem quō suppliciō eam afficeret. Haud
scīmus an capite eam pūnīre voluerit: seu tamen eam necāre   *timēre -uisse*
nimis clēmēns cōnsilium exīstimāvit, seu iūre timuit nē
320 Iuppiter Callistō tuērētur, tam prūdentius quam crūdēlius
cōnsilium ut eam cruciāret cōnstituit: Callistō in ursam
mūtandam cēnsuit.

Ex altō igitur Olympō in Arcadiam eō cōnsiliō dēscendit,   *Olympus -ī m = mōns Graeciae, ubi deī*
ut Callistō, quae tunc in silvīs errābat, occurreret. Cum   *habitant*
325 prīmum vērō puella Iūnōnem in silvā ambulantem vīdit, eam,
quam mortālem fēminam esse crēdēbat, ut mōs est, salvēre
iussit; Iūnō vērō prō verbīs dulcibus acerba dicta reddēns,
puellae imperāvit ut tacēret neu tantā audāciā coram deā
loquerētur: "Heus tū," inquit, "improba mortālis: nē mihi
330 vīlia fēceris verba!"

Cui Callistō, tālia dicta mīrāta, respondēns, "Quam tibi
iniūriam tam gravem equidem fēcī" stupēns rogāvit, "ut mē
tam valdē ōderis? Utinam nē mē, quae, cum ignorārem tē
deam esse, nihil aliud fēcī nisi tē humanē salutāvī, pūnīre
335 velīs!" Iovis vērō uxor: "Ō superba puella," ait, "tua nēquam
audācia haud grāta mihi est! Nē quidquam dīxeris, sed dēsine
loquī!" Tum vultū sevērō intuēns, Callistō minābātur sē eius
superbiam pūnitūram esse.   *superbia -ae f < superbus*

Callistō, hīs verbīs audītīs, genua flexit, sed cum prae metū
340 deam precibus ōrāre ut sibi ignōsceret nōn posset, mūta ac   *flēre -ēvisse*
multīs cum lacrimīs flēvit. Dēmum Iūnō, ubi prīmum eam
perterritam esse vīdit ac tōtō corpore tremere animadvertit,
dextram sustulit ut eam hastā percuteret: Callistō vērō tantō
timōre affecta est, ut ad terram ceciderit ibique iacuerit. Simul   *iacēre -cuisse*
345 atque igitur Iūnōnis hastā tācta est, prīmum eius bracchia in

ursa

crūra mūtāta sunt, deinde digitī in ursae unguēs convertī coeptī   *ursa -ae f | unguis -is m (v. pāg. 63)*
sunt, dēnique tōtum corpus nigrum colōrem dūxit. "Nē oblīta   *convertī coeptī sunt = convertī coepērunt*
                                                                  dūxit: sūmpsit
sīs," inquit dea "laudem et victōriam perpetuam deīs tantum   *perpetuus -a -um = quī numquam fīniētur,*
convenīre." Quibus verbīs dictīs, sūrsum in caelum rediit.   *sine fīne*

Ex eō tempore Callistō, quae fōrmam et vultum ursae 350
habēbat, maestissimē circum domum suam errābat fīlium
cārissimum, quem cōnspicere nōn poterat, ubīque quaerēns.
Nocte vērō in silvīs humī cubābat. Cum vērō timēret nē alia
animālia sibi nocērent, numquam eīs appropinquābat, nec
sine māximō dolōre eius temporis reminīscēbātur, cum in 355
silvīs sine metū bestiās persequēbātur. Sīc circiter quīndecim
annōs sōla vīxit.

Ōlim autem Arcas, quī intereā iuvenis fortissimus factus
erat, cum in silvā errāret ut ferās persequerētur, eam, quam
ursam esse putāvit, forte inter arborēs vagantem cōnspexit. 360
Callistō vērō, quae statim eum cognōvit, ad eum cucurrit ut
fīlium, quem valdē amābat, post tot annōs tandem
complecterētur. Arcas autem oculōs ursae in sē fīxōs timuit,
et veritus nē bēstia in sē impetum faceret, eō unde vēnerat
fūgit. At cum vidēret ursam sē persequī, sagittam ē pharetrā 365
prōmpsit arcumque sustulit.

Iuppiter autem inexspectātus dē caelō dēscendēns,
sagittam ē manibus eius abstulit et mātrem fīliumque in
stellās clārissimās mūtāvit, quās in caelō inter aliās posuit:
hōc modō eōs adversīs rēbus, quibus premēbantur, līberāvit, 370
eīsque quasi secundam fortūnam reddidit.

Postquam Iūnō haec animadvertit, ad Neptūnum, deum
Ōceanī, īvit. "Iuppiter," inquit, "mulierī eiusque fīliō, quōs
ipsa contemnō et ōdī, loca in caelīs dōnāvit. Ō Neptūne, hoc
ūnum tē ōrō: nē eōs in rēgnum tuum recēperis! Semper eōs ā 375
marī prōhibeās!"

Iūnō dēmum Neptūnō persuādēre potuit ut eōs hāc poenā
afficeret; itaque illae stēllae ē quibus Ursa Māior et Ursa
Minor cōnstant, in altō caelō etiamnunc semper manent
neque umquam Ōceanō submersae ē cōnspectū hominum 380
discēdunt.

vagārī = errāre

currere cucurrisse

verērī -itum esse

pharetra -ae f (v. pāg. 81)

rēgnum -ī n = rēgis imperium

Ursa Minor
Ursa Māior

Arcas sagittam in ursam missurus est, at Iuppiter eum et matrem in stellas mutat

Perseus de caelo in monstrum impetum facit, ut Andromedam ad saxa vinctam servet

AD CAPITVLVM XXXIII

1. Andromeda

Fuit Andromeda pulcherrima virgō, fīlia Cassiopēae et
Cēpheī, quī in Asiā rēgnābant. Ā prīmā aetāte tam
fōrmōsa fuit puella, ut omnēs eius pulchritūdinem
admīrārentur. Cum vērō ad sextum et decimum annum
5   Andromeda pervēnisset, eius māter, interrogāta quid dē tam
pulchrā fīliā sentīret, sine mōrā respondit sē certō scīre nē
Nērēidās quidem tantā pulchritūdine ōrnātās esse. "Utinam"
inquit "hīc adessent illae maris nymphae! Tunc enim omnēs
vidērētis meam Andromedam iīs multō pulchriōrem esse!"

10   Eius verba, ventīs flantibus vēcta, ūsque ad Nērēidum
aurēs allāta sunt; quae, cum haec audīvissent, īrātae ob
mortālis fēminae superbiam, statim ad Neptūnum
cucurrērunt, quī prīmō mīrābātur cūr tam turbātae esse
vidērentur: cum vērō illae verba, quae Cassiopēa fēcerat, eī
15   narrāvissent, Neptūnus, quī eam sevērē pūnīre cōnstituit, ē
mediō Ōceanō novum nec umquam anteā vīsum mōnstrum
ēvocāvit, ut incolās eius regiōnis, in quā Andromedae
parentēs rēgnābant, vorāret eōrumque agrōs vāstāret.

Saevissima igitur illa bēstia tantam cīvium caedem fēcit, ut
20   Cēpheus rēx, nē tōtus populus perīret, Neptūnī templum
adīverit deumque multīs precibus ōrāverit ut illud malum a sē
suīsque cīvibus āverteret. Precēs audīvit Neptūnus, neque
tamen cōnsilium mūtāvit, cum superbiam rēgīnae per illud
mōnstrum pūnīre vellet.

25   Cum igitur Cēpheus interrogāvisset quid facere posset, ut
cīvēs suōs tantō perīculō līberāret, deus statim eī dīxit

Andromeda -ae *f*

Cassiopēa -ae *f*

Cēpheus -ī *m* | ā prīmā aetāte *suā* : ā tempore
quō parva puella erat

Nērēidēs -um *f pl* : *Nymphae* maris

nymphae -ārum *f pl* = deae minōrēs quae
silvās, montēs, flūmina, maria incolunt

superbia < superbus

currere cucurrisse

ē-vocāre

vāstāre = (frūgēs agrōrum) perdere

rēgīna -ae *f* = rēgis coniūnx, fēmina rēgnāns

Andromedam fīliam bēstiae offerendam esse. "Quod sī fēceris" inquit terribilī voce Neptūnus, "ferum mōnstrum, quod ad vāstandōs agrōs hominēsque vorandōs mīsī, ā tuā regiōne abībit et iterum in mare, unde vēnit, redībit."   30

Rēx, tālī respōnsō audītō, maerēns ad uxōrem rediit eīque nārrāvit quid deus dīxisset. Quae, cum eius verba audīvisset, multīs lacrimīs effūsīs, marītō persuādēre cōnāta est, nē deī imperāta faceret; ille vērō, cum cupidus populī suī servandī esset, quamquam valdē fīliam suam amābat, quod deus   35 postulābat faciendum esse cōnstituit. Iussit igitur Andromedam ad maris lītus addūcī, atque catēnīs ferreīs ad saxum vincīrī. Māter plōrāns ad Cēphēum "Quōmodo" clāmābat, "hoc fācere potuistī, mī vir?" Quī, inter lacrimās, quās ipse quoque cōpiōsē effundēbat, "Quaeris ā mē, ō uxor, " inquit,   40 "cūr tam saevus fuerim, ut fīliam ad certam mortem mīserim. Nisi autem hoc fēcissem, illa bēstia nēminī nostrum pepercisset atque omnēs agrōs nostrōs vāstāvisset. Rēgis officium est servāre cīvēs suōs."

Forte vērō Perseus in illīus regiōnis ōrā errābat; quī, cum   45 pulcherrimam illam virginem ad dūra saxa vīnctam cōnspexisset, prīmum deae cuiusdam signum eam esse crēdidit; deinde vērō, cum ventum capillōs leviter movēre atque ex oculīs lacrimās effundī vīdisset, valdē stupuit atque ad puellam, cuius tantā pulchritūdine captus erat, accessit tālia   50 verba dīcēns: "Ō fōrmōsissima virgō, tū istīs catēnīs mihi indigna esse vidēris: dīc mihi quid sit tibi nōmen et quā in regiōne versēmur; mihi quoque nārrā cūr haec vincula gerās."

Prīmō siluit illa, nec cum virō ausa est loquī; vultum etiam manibus operuisset, nisi vīncta esset. Pudēbat enim   55 oculōsque replēvit lacrimīs; deinde, cum Perseus etiam atque etiam interrogāret, nē vidērētur nōlle cāsūs suōs fatērī, quod nōmen illī terrae esset dīxit, neque occultāvit quōmodo ipsa vocārētur. Tum nārrāvit quid māter superbē affīrmāvisset, quid vērō, ut eam pūnīret, imperāvisset Neptūnus. At, nōn-   60 dum memorātīs omnibus rēbus, horrendus sonus ē maris flūctibus audītus est. Ingēns bēstia, cum ē mediō marī ēmersisset, celerrimē ad lītus veniēbat. Clāmāvit virgō: maerēbat pater,

imperātum -ī n = quod imperātur

ad-dūcere ↔ ab-dūcere

cōpiōsus -a -um < cōpia

parcere pepercisse

Perseus -ī m

quid (:quod) sit tibi nōmen

silēre -uisse

re-plēre -ēvisse -ētum = implēre

cāsus -ūs m = id quod accidit

ē-mergere = exīre (ex aquā)

et māter paene āmēns adstābat; neuter tamen auxilium ūllum
65 ferre poterat, sed tantum lacrimās illō tempore dignās effun-
debant, nec sē ā vīnctō fīliae corpore movēbant.

Perseus vērō "Nōn est nunc tempus lacrimandī:" inquit,
"opem nunc ferre necesse est, nē virgō ā mōnstrō vorē-
tur!" Ōrāvērunt igitur parentēs "Tū, quī es fortissimus, fer
70 auxilium puellae nostrae in summō perīculō versantī! Sī eius
vītam servāveris, eam tibi uxōrem dabimus!".

Gerēbat in pedibus Perseus calceōs ālīs ōrnātōs, ita ut, sīcut
Mercurius, volāre posset. Cum ergō terram pedibus pulsāvis-
set, sūrsum in āere ūsque ad nūbēs volāvit; inde vērō, tam-
75 quam aquila dē caelō celerrimē dēscendēns, in mōnstrī tergum
impetum fēcit, gladiumque suum in dextrum ferae umerum
īnfīxit. Quae, cum graviter vulnerātam sē esse sēnsisset, prīmum sē in aquās mersit; deinde ex flūctibus surrēxit, horrenda
vīsū; tum Perseum iterum iterumque mordēre cōnābātur, at
80 ille, hūc illūc vēlōcissimē volāns, eius impetūs facile vītābat;
dēnique māximā cum vī saevam bēstiam etiam atque etiam in
complūribus corporis partibus ēnse vulnerāvit, dōnec illa,
multō sanguine ēffūsō, ex vulneribus mortua est.

Gaudent Andromedae parentēs, laetantur cīvēs, Per-
85 seumque victōrem salūtant: "Nisi tū auxiliō nōbīs vēnissēs"
inquit Cēphēus, "certe fīlia mea horrendā morte periisset.
Ecce, eam uxōrem accipe: diī vōs tueantur!"

Perseus, cum ad saxum, ad quod erat vīncta Andromeda,
accessisset, pulcherrimam virginem, adhūc metū affectam,
90 catēnīs solvit ac multīs verbīs cōnsōlātus est; posteā eam,
quae beātam sē esse arbitrābātur cum tam fortis et pulchrī virī
uxor facta esset, sēcum dūxit.

2. Bellerophōn

Bellerophōn fuit vir audāx et fortis, quī in Graeciā
habitābat; rēx autem, quī eī invidēbat eumque
95 interficere cōnstituerat, ad rēgiam eum vocāvit et "omnium
virōrum, " inquit, " quī in urbe habitant, validissimus mihi
vidēris esse. Chimaeram igitur, saevissimum illud animal
quod campōs nostrōs īnfēstat, pete et armīs tuīs occīde!"

ā-mēns -entis = cui mēns abest
ad-stāre = prope stāre

opem ferre = auxilium ferre

īn-fīgere
sentīre sēnsisse

Chimaera

Bellerophōn -ontis *m*

rēgia -ae *f* = domus rēgis

Chimaera -ae *f*

īnfēstāre = īnfēstum et perīculōsum facere

Polydus -ī *m*
callidus -a -um = prūdēns
Minerva -ae *f* = Iovis fīlia, dea artium

in-gredī -gressum esse
   ↔ ēgredī

frēnum -ī *n*

Pēgasus -ī *m*

quō: frēnō

ālātus -a -um = quī ālās gerit

fōns fontis *m* = aqua ē terrā ērumpēns (*v. pāg.*
44) | dēnsus -a -um (↔ rārus) = frequēns

ut herbam carptam ēsset = ut herbam carperet
   et ēsset

īnserere -seruisse -sertum + *dat* = pōnere in

īn-sidēre (+ *dat*)
   = sedēre in

caper -prī *m*
dracō -ōnis *m* (*v. pāg.* 18)
flamma -ae *f* (*v. pāg.* 68)

ex-spīrāre

pharetra -ae *f* (*v. pāg.* 81)

trā-icere -iō -iēcisse -iectum (< trāns + iacere)
   = per medium corpus percutere

Bellerophōn igitur, cum haec audīvisset, trīstis et maestus ā rēgiā ad Polydum, callidum virum, abiit, ut eius cōnsilium 100 peteret. Quī quidem, rē audītā, eī suāsit ut ad deae Minervae templum nocte silentī īret, ibique prope deae signum dormīret. Bellerophōn, postquam grātiās Polydō ēgit, sōle occidente domō exiit, ut Minervae templum peteret; quō cum ingressus esset, ad signum accessit, sub quō recumbēns dormīvit. 105

In somnīs vērō dea Minerva eī dormientī appāruit, quae "Ō Bellerophōn" inquit, "ecce: aureum frēnum tibi dō; quaere igitur Pēgasum, equum quī ālās habet et volāre potest tamquam magna quaedam avis." Haec cum dīxisset, abiit.

Māne Bellerophōn, cum oculōs aperuisset, aureum illud 110 frēnum, quod in somnīs dea eī dederat, cōnspexit; quō sūmptō, ē templō exiit, ut Pēgasum, equum illum ālātum, quaereret. Diū autem frūstrā in silvīs, collibus, campīs et agrīs errāvit, neque equum illum invenīre potuit; tandem vērō, cum fontem petīvisset, quem silvae cingēbant, inter dēnsās arborēs 115 sē occultāvit ibique mānsit spērāns Pēgasum ad illum fontem, ut biberet, ventūrum esse.

Postquam diū ita exspectāvit, Pēgasus in caelō appāruit, equus magnus et pulcher, quī ut aquila in orbem suprā fontem volābat; cum autem dē caelō dēscendisset, ad fontem 120 appropinquāvit, unde frīgidam aquam bibit; cum igitur bibisset, in campō errābat ut herbam carptam ēsset. Subitō vērō Bellerophōn ē silvīs proximīs excurrēns, impetū in Pēgasum factō, cuius capitī aureum frēnum īnseruit, in equī tergum ascendit; cum autem ibi cōnsēdisset, Pēgasus ē terrā ēvolāvit 125 atque "Quid vīs" inquit, "domine?" Cui Bellerophōn respondit sē Chimaeram, saevissimum animal, interficere velle.

Postquam diū Pēgasus volāvit, tandem Bellerophōn, quī eius dorsō īnsidēbat, ex altō āere dēspiciēns, Chimaeram, mōnstrum horrendum (cui duo erant capita, quōrum alterum 130 leōnis, alterum vērō caprī; cauda autem dracōnis), cōnspexit, quod crūdēlissimum vidēbātur esse flammāsque ex ōre exspīrābat. Nūllō tamen metū turbātus, Bellerophōn, fortissimus adulēscēns, acūtam sagittam ē pharetrā suā sūmptam mīsit, quā ferōcissimum illud animal trāiēcit. 135

Quamquam vērō, postquam prīmam ēmīsit, multīs aliīs sagittīs Chimaeram vulnerāvit, Bellerophōn eam interficere nōn poterat; longam igitur hastam, cuius in extrēmā parte plumbum addiderat, magnā vī in bēstiae ōs iniēcit; cum vērō

140 ignis calōre, quī ex ōre ēmittēbātur, plumbum mollītum esset, horrenda illa fera, ustīs visceribus, inter māximōs dolōrēs mortua est et humī iacuit.

Cum igitur Bellerophōn saevum illud animal mortuum vīdisset, ad rēgem redīre cōnstituit, ut eī Chimaeram necātam

145 esse nūntiāret. Pēgasus ergō, trāns mare tamquam magna avis volāns, dominum in dorsō suō sedentem ad rēgiam redūxit. Quō cum pervēnisset, Bellerophōn rēgem adiit et "Ō rēx," inquit, "Chimaera, quam tū necārī iusserās, mortua est. Egō vērō, quī hāc nece mē fortissimum virum esse mōnstrāvī,

150 fīliam tuam in mātrimōnium nunc dūcere volō." Rēx igitur, cum vīdisset sē tantō virō resistere nōn posse, fīliam suam fōrmōsissimam in mātrimōnium dedit.

Cum autem pulcherrimam uxōrem, amplum rēgnum magnāsque dīvitiās habēret, mox Bellerophōn tam superbus

155 factus est, ut inter deōs immortālēs vīvere vellet. Ascendit igitur in equum et "Ō Pēgase," inquit, "ad summum Olympum volā: ibi enim, inter deōs beātōs, habitāre cupiō." Pēgasus, cum haec dominī verba audīvisset, statim sūrsum ē rēgiā ēvolāvit. Cum vērō Iuppiter dē nūbibus dēspiciēns eōs ad montem

160 Olympum appropinquantēs vīdēret, īrātus propter Bellerophontis superbiam, muscam dē caelō mīsit, quae in equō cōnsīdēns eum momordit. Pēgasus igitur, cum muscae morsum sēnsisset, ob dolōrem sē ita concussit ut dominum dē caelō ad terram dēiēcerit. Bellerophōn autem, quamquam ex altō locō

165 cecidit, nōn mortuus est, sed, claudus et caecus factus, reliquam vītam miserē ēgit. Sīc eius superbia pūnīta est.

3. Gāius Mūcius Scaevola

Porsenna fuit rēx Etrūscōrum, quī magnō mīlitum numerō urbem Rōmam oppugnāvit. Rōmānī, cum parātī essent ad urbem dēfendendam, fortissimē prīmum hostium impetum

170 sustinuērunt; posteā vērō, cum Porsennae mīlitēs numerō

ē-mittere

plumbum -ī *n* = metallum grave ac vīle quod facile mollītur
in-icere -iō -iēcisse -iectum = iacere in

iacēre -cuisse

mātrimōnium -iī *n* = coniugum vīta commū-nis; in m.um dūcere = uxōrem suam facere

amplus -a -um = magnus et lātus
rēgnum -ī *n* = rēgis imperium

Olympus -ī *m* = mōns Graeciae, ubi deī habitant

superbia -ae *f* < superbus | musca -ae *f*

morsus -ūs *m* < mordēre

con-cutere -cussisse -cussum = quatere

dē-icere -iēcisse -iectum < dē + iacere

cadere cecidisse

vītam agere = vīvere

Scaevola -ae *m* < *scaevus -a -um* = laevus;

Porsenna -ae *m*
Etruscī -ōrum *m pl* = Etrūriae incolae
Etrūria -ae *f* = Tuscia (*v. pāg.* 60)

sustinēre -tinuisse -tentum

longē superiōrēs essent, necesse fuit Rōmānīs intrā urbis
moenia manēre.

Porsenna igitur, cum, impetum etiam atque etiam in mūrōs
facere cōnātus, urbem expugnāre nōn potuisset, castra in
campō extrā moenia posuit: exspectāre enim cōnstituerat   175
dōnec Rōmānī tandem, omnī cibō cōnsumptō, lēgātōs
mitterent pācem petītum.

Ante lūcem vērō Gāius Mūcius, adulēscēns nōbilis, cui
indignum esse vidēbātur populum Rōmānum ab Etrūscīs in
urbe inclūsum tenērī, cum mortem glōriōsam prō patriā nōn   180
timēret, māximum perīculum adīre cōnstituit, et in hostium
castra eō cōnsiliō occultē sē cōntulit, ut rēgem Porsennam
suā manū interficeret.

Cum igitur, portās castrōrum, quamquam ā mīlitibus
armātīs cūstōdiēbantur, trānsīre potuisset, per magnam   185
hostium turbam ad rēgis tabernāculum prōgressus est, neque
quisquam Etrūscōrum eum vestīmentīs indūtum Rōmānum
esse cognōvit.

Itaque, cum ad tabernāculum accessisset, per rīmam
aspiciēns, duōs virōs intus sedentēs vīdit, quōrum alter   190
scrībēbat alterō recitante. Mūcius ergō, gladiō ē vāgīnā
ēductō, in tabernāculum ingressus, in virum scrībentem
impetum fēcit, quī, cum purpureīs vestīmentīs esset indūtus,
rēx eī esse vidēbātur, et clāmāns "Ita tē, Porsenna, occīdō!",
eum gladiō percussit.   195

Cum vērō ille ex gravissimō vulnere mortuus esset, alter,
quī ex sellā, in quā sedēbat, surrēxerat, clāmāvit: "Ego
Porsenna sum! Tū nunc, scelestissime, quī scrībam meum prō
mē interfēcistī, ad mortem dūcēris!" simulque imperāvit
mīlitibus suīs ut Mūcium prehenderent. Quī quidem, cum ad   200
rēgem tractus esset "Rōmānus sum" inquit "cīvis; Gaium
Mūcium mē vocant. Hostis hostem occīdere voluī; nec
animus minus parātus est ad mortem quam fuit ad caedem: et
facere et patī fortia Rōmānum est. Quod ego perficere nōn
potuī, aliī iuvenēs Rōmānī facient."   205

Rēx igitur, īrātus et perīculō territus, minātus est sē eum
ignibus cruciātūrum esse, nisi cōnfessus esset quae cōnsilia
Rōmānī cēpissent; tum Mūcius, cum āram prope sē stantem

occultē ↔ apertē
sē cōn-ferre (in locum) = īre

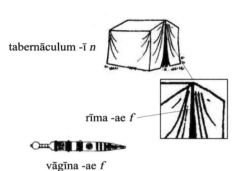

tabernāculum -ī n

rīma -ae f

vāgīna -ae f

in-gredī -gressum esse ↔ ēgredī

purpureus -a -um < purpura (: color ruber pre-
    tiōsus)

scrība -ae m = servus doctus cuius officium
    est scrībere

cōnsilium capere = cōnstituere

āra -ae f (v. pāg. 19)

vīdisset, dextram in ignem, quī ibi ārdēbat, impōnēns "Ecce
210 tibi," inquit, "ut intellegās quam vīle corpus sit iīs quī
magnam glōriam vident!"; neque manum retrāxit, sed quasi
nihil sentīret, tōtam exussit.

ārdēre -sisse -sum = ūrī

Rēx vērō, fortissimum iuvenis animum mīrātus, cum eum
āmovērī ab ārā iussisset, "Abī!" inquit, "tū, quī tam audācem
215 tē ostendis! Utinam prō meā patriā ista virtūs stāret! Nunc
iūre bellī līberum tē hinc dimittō."

ex-ūrere -ussisse -ustum

ā-movēre

Rōmānī, Mūciī virtūtem valdē laudantēs, eī 'Scaevolae'
cognōmen ā clāde dextrae manūs dedērunt eīque agrum prope
urbem dōnāvērunt. Porsenna autem Rōmā abiit et in Etrūriam
220 rediit. "Tam validōs" inquit "virōs vincere nōn possum."

ā clāde: ā iactūrā

4. Lāomedōn et Hēsiona

Lāomedōn -ontis (*acc Gr* -onta) *m*
Hesiona -ae *f*

Cum Apollō per Asiae terrās errāret, vīdit Lāomedonta
rēgem prīma moenia Trōiae, locō ad urbem statuendam
idōneō, magnō cum labōre aedificāre cōnantem. Opus erat
ingēns, neque parvās divitiās poscere vidēbātur. Apollō igitur,
225 cum rēgem in opere perficiendō adiuvāre vellet, ūnā cum
Neptūnō mortālem fōrmam induit; tum deī, cum ad rēgem
adiissent, sē in mūrīs aedificandīs auxilium lātūrōs esse
dīxērunt; postulāvērunt vērō ut Lāomedōn idoneam operis
mercēdem daret.

statuere = pōnere (rem novam), prīmum
facere

230 Ille, cum eōrum auxiliō fruī vellet, sē magnam aurī copiam
datūrum esse prōmīsit, atque eōs hortātus est, ut opus quam
celerrimē possent cōnficerent, quamquam, cum ignōrāret eōs
deōs esse, dubitābat an duo hominēs tanta moenia
aedificāre possent. Attamen, cum dī sōlī mānsissent, Apollō,
235 lyrā suā canēns, effēcit ut saxa ipsa per sē movērentur ad
mūrōs aedificandōs; Neptūnus vērō eadem saxa, vīcīnī maris
flūctibus tergendō, quasi aurum lūcentia fēcit.

at-tamen = tamen
manēre mānsisse

lyra -ae *f* = fidēs

vīcīnus -a -um = quī prope est

Cum vērō Apollō et Neptūnus opus magnificē
perfēcissent, ā Lāomedonte petīvērunt ut pecūniam, quam
240 pollicitus erat, daret; at tyrannus ille superbus, etsī stupuit
cum pulcherrima et validissima moenia tam brevī tempore
aedificāta esse vīdisset, negāvit sē tantum pretium solūtūrum
esse, eōsque indignīs verbīs reprehēnsōs dimīsit.

stupēre -uisse

tridēns -entis *m* (*v. pāg.* 83)

im-pendēre = suprā stāre

vātēs -is *m/f*: homō quī, deōrum auxiliō, rēs
futūrās dīcit antequam ipsae fīant

re-stāre = reliquus esse, superesse

marīnus -a -um < mare

Herculēs -is *m* (*v. pāg.* 14)

sustinēre -tinuisse -tentum

Telamō -ōnis *m*

Cum tālem iniūriam passī essent, dī, īrātī, Lāomedonta
sevērissimē pūnīre cōnstituērunt: Neptūnus igitur, ut poenā 245
rēgem afficeret, cum flūctūs tridente percussisset, ex marī
ferōcissimum mōnstrum, quod omnia vorābat, excitāvit;
Apollō vērō, cum in collem urbī impendentem ascendisset,
arcū suō aureō sagittās iaciēns, efficiēbat ut plūrimī Trōiānī
aegrotārent atque horrendā morte perīrent. 250

Vātēs, ā rēge interrogātus quid facere posset, ut cīvēs suōs
tantīs malīs līberāret, eum hortātus est ut mōnstrō illī
saevissimō Hēsionam fīliam offerret. "Utinam possēs" inquit,
"ō rēx, aliō modō ab urbe deōrum invidiam āvertere; tibi
tamen nūlla alia restat via. Tanta enim iam incolārum caedes 255
facta est, ut meminisse horream. Necesse igitur est tuam
fīliam expōnere."

Rēx, cum nūllō aliō modō deōrum īram minuere sē posse
vidēret, quamquam māximō dolōre afficiebātur, virginem
catēnīs vīnctam in maris lītore expōnī iussit ut ā mōnstrō illō 260
marīnō vorārētur. Cīvēs maerentēs ita animō permovēbantur,
ut vix lacrimās tenēre possent.

Herculēs autem, quī forte prope Trōiam errābat, cum
miseram puellam in ōrā vīnctam vīdisset, eī appropinquāvit,
ut auxilium ferret. Lāomedōn igitur, cum Herculem 265
cōnspexisset, hīs verbīs eum allocūtus est: "Duōs magnificōs
equōs, quōs Iuppiter mihi dōnāvit, tibi dabō, sī fīliam ā tam
horrendā morte servāveris".

Diū in lītore apud virginem Herculēs exspectāvit iamque
dubitāre coeperat num vātēs vērum dīxisset, cum subitō, 270
paulō ante lūcem, ē mediō marī ēmergēns, mōnstrum ingēns
in puellam impetum fēcit. Herculēs tamen, cum parātus esset
ad eam dēfendendam, illum impetum facile sustinuit, ac post
brevem cruentamque pugnam ferōcem illam bēstiam necāvit.

Cum vērō, mōnstrō interfectō, ā Lāomedonte praemium 275
prōmissum petīvisset, eum quoque rēx fallere cōnātus est,
atque aliōs equōs minus pretiōsōs prō iīs, quōs prōmīserat, eī
dare volēbat. Herculēs igitur, īrātus, duodēvigintī cum
nāvibus mīlitum plēnīs Trōiam oppugnāvit et, Lāomedonte
necātō, Hēsionam Telamōnī, amīcō suō, uxōrem dedit. 280

5. Adōnis

Venus, amōris dea, pulcherrimum puerum mortālem amābat, cui nōmen Adōnis erat. Cum vērō iuvenis ille fortissimus per silvās et arduōs montēs errāre atque ferās, quae ibi latēbant, persequī solēret, Venus, quae timēbat nē

285 bēstiae saevae eī aliquō modō nocērent, etiam atque etiam monēbat nē in lupōs, leō-nēs, ursōs aut aprōs impetum faceret, quī omnium perīculōsissimī esse vidēbantur.

aper

Cum autem ōlim dea summum Olympum currū suō petī-

290 visset atque Adōnem sōlum in silvā relīquisset, puer, quī aprī vestīgia in terrā cōnspexerat, Veneris verba oblītus, canēs suōs hortātus est, ut ferōcem illam bēstiam quam celerrimē sequerentur: erat enim cupidissimus illīus ferae capiendae. Canēs, hūc et illūc currentēs, vestīgia sequēbantur ad bēstiam

295
dūmus

inveniendam; tandem aprum inventum ex dūmīs, in quibus sē occultāverat, expulērunt; quī, cum ex latibulō suō excurrisset atque fu-gere vellet, ab Adōne, quī parātus erat ad eum trānsfigendum, hastā percussus cecidit.

300 Prōtinus autem saevus aper, quamquam graviter vulnerā-tus erat, hastam dentibus prehēnsam ex vulnere extrāxit, atque in puerum, quī locum tūtum quaerēbat, ferōcissimē im-petum fēcit et tōtōs dentēs in eius crūs fīxit, ex quō ingēns sanguinis cōpia effūsa est. Adōnis, gravissimē vulnerātus, ad

305 terram cecidit vīribus āmissīs.

Cum Venus, quae dē altō Olympō tunc dēscendēbat, eius clāmōrēs audīvisset, ita permōta est, ut ventō celerius trāns mon-tēs amnēsque per āera volāret, mīrābilī

olor

310 currū vecta, quem candidī olōrēs trahēbant; cum vērō pue-rum inter arborēs humī iacentem atque in suō sanguine mo-rientem vīdisset, magnō animī dolōre affecta, prōtinus dē currū suō dēsiluit, atque multīs cum lacrimīs capillum et ve-stem flēns scindēbat et percutiēbat manibus pectus: ita mae-

315 rēbat dea, cum puerum quem ante omnēs amābat horrendā morte pereuntem vidēret. "Ō mī amātissime Adōni," clāmā-

---

Adōnis -is *m*

ursus -ī *m* (*v. pāg.* 93)
aper aprī *m*: porcus ferus

Olympus -ī *m* = mōns Graeciae, ubi deī
   habitant
relinquere -līquisse -lictum

dūmus -ī *m*
ex-pellere -pulisse -pulsum
latibulum -ī *n* (< latēre): locus in quō aliquis
   sē occultat | ex-currere -risse

prehendere -disse -ēnsum
ex-trahere

olor -ōris *m*

Adōni *voc*

Venus, cum videat Adonem morientem, magno animi dolore afficitur

bat inter lacrimās, "utinam mē audīvissēs! Utinam bēstiās ferās cāvissēs! Sī meīs verbīs pāruissēs, nōn tam indignē mortuus essēs in manibus meīs ex hōc gravissimō vulnere!

320 Quid faciam nunc? Quōmodo mē cōnsolārī possim?"

Haec verba locūta, cruōrem, quī circā fōrmōsissimum puerī corpus sparsus erat, manū tetigit: et ecce: cruor in rubrum et pulcherrimum flōrem sine morā mūtātus est, quī adhūc, ad puerī illīus memōriam servandam, campōs colōre

325 sanguinis ōrnat.

Hyacinthus, disci ictu percussus, in manibus Apollinis ex vulnere moritur

AD CAPITVLVM XXXIV

1. Apollō et Hyacinthus

Hyacinthus -ī *m*

Cum ōlim Apollō, lūcis cantūsque deus, in terrīs
fōrmōsissimum puerum cōnspexisset, quī eī pulchrior
quam omnēs immortālēs vīsus erat, dē altō Olympō dēscendit
ut cum eō inter hominēs versārētur. Nihil enim eī grātius iam
5 poterat esse quam ipsum nōmen Hyacinthī: sīc enim puer
vocābātur.

Tam laetus erat Apollō, ut cum Hyacinthō tōtōs diēs
cōnsūmere vellet, ut cum eō per silvās et campōs errāret, aut
in mollī herbā, sōle in caelō lūcente, apud pūrum rīvum in
10 arboris umbrā quiēsceret. Saepe etiam gaudēbant lūdendō:
modo enim certābant cursū, modo hastīs aut discīs iaciendīs;
modo vērō in flūminum aquīs natābant. Apollō tantō amōre
ergā puerum accēnsus erat, ut eum in omnibus certāminibus
vincere sineret, nē trīstitiā afficerētur, sī forte victus esset.

discus -ī *m*

quī: discus

15 Ōlim igitur, cum, positīs vestīmentīs, oleō membra
aspersissent, in lātissimō campō herbīs opertō discīs iactandīs
certābant; Hyacinthus, quī certandī studiōsissimus erat, prior
discum in āera omnibus lacertōrum vīribus ēmīsit; quī, sē
celerrimē vertēns, ūsque ad caelum ascendit, atque, cum
20 nūbēs scīdisset, rūrsus ad terram dēscendit, ceciditque procul
ā locō unde puer et deus intuēbantur. Laudat Apollō
Hyacinthī vīrēs et artem: gaudet atque laetātur puerī animus
amīcī deī laude.

Erat tunc Apollinī tempus mittendī discī per āera: quī, cum
25 vincere nōllet, minōre vī suum discum iēcit, nē longius
caderet quam discus Hyacintī; utinam tamen numquam

ē-mittere

flātus -ūs *m* < flāre

ictus -ūs < īcere

ēmīsisset! Zephyrus enim, quī iam diū, occultātus inter nūbēs, eōs lūdentēs spectābat, cum ipse quoque puerī amōre accēnsus esset, et Apollinī hāc dē causā invidēret, īrātus in discum vehementī flātū spīrāvit; quod cum fēcisset, discus, 30 dē suō cursū flectēns, Hyacinthī caput graviter percussit. Puer, cum tam validō ictū pulsātus esset, statim ad terram cecidit atque in manibus Apollinis, quī continuō accurrerat ad auxilium ferendum, ex vulnere mortuus est.

Apollō vērō maestus multīs cum lacrimīs amicī mortem 35 lūgēbat eiusque fōrmōsissimum corpus sine vītā complectēns, sē ipse accūsābat: "Nisi discum iēcissem, nōn mortuus essēs, mī Hyacinthe, tam iuvenis, tantāque pulchritūdine ōrnātus! Quid nunc faciam? Nisi deus essem, ego quoque tēcum, amīce cārissime, dolōre morerer!" 40

Cum tālia dīceret, sanguis ex Hyacinthī vulnere effundī nōn dēsinēbat; quī, cum terram attigisset, in pulcherrimum mīrābilemque flōrem mūtātus est. Quem cum Apollō vīdisset, "Hic flōs" inquit "ad tuam memoriam servandam ortus, in sē īnscrīptam habēbit meī dolōris vōcem!" 45

Haec locūtus, manū leviter flōris folia tetigit: et ecce! Statim in iīs 'AI' litterae ad Apollinis clāmōrem commemorandum appāruērunt, quae adhūc in illīus flōris foliīs scrīpta cernuntur.

Pāstor, quī in campō ovēs pascēbat, cum haec omnia vīdisset, 50 trīstis ac maerēns hoc carmen continuō compositum animō valdē commōtō cecinit:

com-movēre (< cum + movēre) = permovēre (animum)

aurātus -a -um = aurō opertus
dīvus -ī *m* = deus | tēcta: domōs
rīdentia (: fertilia) arva
arvum -ī *n* = ager quī arātur
pel-licere -lēxisse lectum = allicere
puerī honestī

mortālem amīcum

Phoebus -ī *m* : Apollō
aura -ae *f.* ventus levis

Dēscendēbat Apollō altō dē vertice Olympī

aurātāsque domōs, dīvōrum tēcta, relinquēns,

oppida clāra hominum, rīdentiaque arva petēbat 55

egregiā puerī fōrmā pellectus honestī,

iungī mortālem sibi nōn contemnit amīcum.

Nōmen dulce sonāns Phoebō levis aura ferēbat:

grātius illī nīl Hyacinthī nōmine vīsum est.

60 Cum puerō lūdēbat Apollō prātō in apertō:

prātum -ī *n* = ārea herbā operta

corporibus nūdīs, agitantēs candida membra

agitāre = citō movēre
splendidus -a -um = splendēns

splendida mittēbant trāns āera pondera discī.

pondus -eris *n* = aliquid grave; splendida
pondera discī: discōs lūcentēs et gravēs

Invidus adstābat vehementī flāmine anhēlāns

invidus -a -um : quī invidet | ad-stāre
vehemēns -entis: quī vī ūtitur, violentus
flāmen -minis *n* < flāre | anhēlāre = vī flāre

occiduus ventus, quī vēris signa redūcit.

occiduus -a -um < occidēns; o. ventus
= Zephyrus

65 Attamen, īrātus, puerum nunc laedere māvult

at-tamen = tamen

auricomum sibi quī dīvum praepōnit amantī.

auri-comus -a -um < aurum + coma (= capillus)
quī sibi amantī praepōnit (: praefert) dīvum
auricomum (: Apollinem)

Nūbēs ex tōtō caelō iam congerit ātrās

nūbēs ātrās | con-gerere: in ūnum locum ferre

quās Zephyrī flātūs saepe ante fugāre solēbant.

fugāre = in fugam vertere

Āmēns ōdit amatque ruitque solō impete caecō

ā-mēns -entis = cui mēns sāna nōn est
ruere = sē prōicere
impes -petis *m* = impetus

70 sēcumque ipse igitur tanta impia dicta revolvit:

impius -a -um: improbus | re-volvere = iterum
iterumque cogitāre

"Sī mē fastīdis refugisque fronte superbā

fastidīre = contemnere
re-fugere

ō fōrmōse puer, nimiō splendōre corusce,

splendor -ōris *m* = lūx clārissima
coruscus -a -um = quī subitō lūcet

ō Hyacinthe cui radiant ut sīdera ocellī

radiāre = ē-mittere *radiōs*, lūcēre
radius -ī *m* (*v. pāg.* 43) | sīdus -eris = stēlla

quīs tū mē miserē perdis, nunc accipe poenās:

quīs = quibus

75 umquam nēmō tē, mē nunc sī spernis, amābit.

sī mē spernis, nēmō umquam tē amābit
spernere = contemnere

Sīc fātus lacrimāns, īnfēstō flāmine flāvit;

fārī fātum; sīc fātus = sīc locūtus

Vīribus tunc magnīs scīdit deus āera discō

At discum Zephyrus dēflexit flātū odiōsō

dē-flectere = vertere

in vultūs, Hyacinthe, tuōs. Expalluit aeque

vultūs tuōs: vultum tuum | ex-palluit
aeque quam: eōdem modō atque

80 quam puer ipse deus collāpsōsque excipit artūs,

col-lābi (< cum + lābī) = ad terram subitō lābī
ex-cipere: excipit artūs = accipit lābentia
membra | artus -ūs *m* = membrum

et modo tē refovet, modo trīstia vulnera siccat,

re-fovēre = amanter complectī
siccāre = siccum facere

nunc animam admōtīs fugientem sustinet herbīs.

admōtis herbīs : ūsus herbīs
sustinet: retinet

Nīl prōsunt artēs: erat immedicābile vulnus.

immedicābilis -e = quī sanārī nōn potest

"Lāberis, Oebalide…"

lāberis : moreris | Oebalides -idae (*voc* -e) *m*
: Hyacinthus, fīlius Oebalī

85 Phoebus ait "videōque tuum, mea crīmina, vulnus.

videōque tuum vulnus, *quod est crīmen
meum* (= culpa mea)

Tū dolor es facinusque meum…

crīmen -inis *n* = id quod accūsātur, culpa
facinus -oris *n* = scelus

fūnus -eris *n* : mors
auctor -ōris *m* = is ā quō rēs orta est, quī
  rem fēcit

amā*vi*sse

reddere: relinquere

lyra : fīdēs (*v. pāg.* 103) | pulsa : pulsāta, tacta
sonāre = sonum dare / facere; tē carmina nostra sonābunt: dē tē erunt carmina mea
et tū, quī factus es flōs novus, imitāber*is* no-
strōs (: meōs) gemitūs | gemitus -ūs *m* = vōx
  doloris

in humō
signāverat: colōre affecerat

sī nōn esset: praeter quam quod est

purpureus -a -um = ruber

Narcissus -ī *m*
Ēchō -ūs *f*
nympha -ae *f* = nymphae sunt deae minōrēs,
  quae silvās, montēs, flūmina incolunt

dē-lūdere -lūsisse -lūsum = fallere

ūsus -ūs *m* < ūtī

....ego sum tibi fūneris auctor.

Quae mea culpa tamen, nisi sī lūsisse vocārī

culpa potest, nisi culpa potest et amāsse vocārī?

Atque utinam tēcumque morī vītamque licēret   90

reddere! …

Semper eris mēcum...

Tē lyra pulsa manū, tē carmina nostra sonābunt,

flōsque novus scrīptō gemitūs imitābere nostrōs."

ecce cruor, quī fūsus humō signāverat herbās,   95

dēsinit esse cruor...

flōs oritur fōrmamque capit, quam līlia, sī nōn

purpureus color hīs, argenteus esset in illīs.

Nōn satis hoc Phoebō est:...

ipse suōs gemitūs foliīs īnscrībit, et « AI AI »   100

flōs habet īnscrīptum.

2. Narcissus et Ēchō

Fuit Ēchō iūcundissima nympha, quae tam pulchrā vōce canere fābulāsque tam bellē nārrāre solēbat, ut ipsa Iūnō, deōrum rēgīna, saepe ex altō Olympō dēscenderet, ut eam canentem loquentemve studiōsē audīret.   105

Cum vērō Iuppiter, quī sōlus et sine uxōre per aliquod temporis spatium manēre volēbat, hoc animadvertisset, nympham rogāvit ut Iūnōnem arcesseret eamque fābulīs nārrandīs aut carminibus canendīs longīsque sermōnibus retinēret dum ipse suīs rēbus studēret. Cum autem Iūnō sē ā   110 nymphā dēlūsam esse sēnsisset, eam sevērē pūnīre cōnstituit:

"Huius" ait "linguae, quā sum dēlūsa, potestās

parva tibī dabitur vōcisque brevissimus ūsus!"

Rēque minās firmat: tantum haec in fīne loquendī

115 ingeminat vōcēs audītaque verba reportat.

Ex eō igitur tempore misera Ēchō nōn iam ipsa quidquam dīcere, sed modo novissima aliōrum hominum verba repetere potuit.

Cum ōlim īnfēlīx nympha per silvās errāret, subitō Narcis-
120 sum, fōrmōsissimum adulescentulum sēdecim annōrum, quī arcū et sagittīs armātus timidōs cervōs persequēbātur, cōnspexit; quem cum prīmum pulcherrimīs membrīs curren-tem cervīque vestīgia oculīs quaerentem vīdisset, statim amāvit nec iam sine eō sē vīvere posse putāvit.

125 Cum igitur nympha ad eum accessisset sēque post arborem occultāvisset, Narcissus, quī nōn iam amīcōs, quibuscum ad vēnandum in silvam vēnerat, vidēbat, "Num quis adest?" inquit. Quibus verbīs Ēchō statim "Adest!" respondit. Narcissus stupuit; cum vērō in omnēs partēs spectāvisset,
130 neque quemquam circā sē vīdisset,

vōce "Venī!" magnā clāmat: vocat illa vocantem.

Respicit et rūrsus nūllō veniente "Quid" inquit

"mē fugis?'" et totidem, quot dīxit, verba recēpit.

Cum etiam atque etiam Narcissus vōcem audīvisset ad suās
135 vōcēs respondentem, nēminem tamen vīdisset, per silvam ambulāre perrēxit; cum vērō ad apertum campum arboribus circumdatum pervēnisset, "Hūc coeāmus" dīxit magnā vōce. Respondēns Ēchō continuō "Coeāmus!" repetīvit,

ēgressaque silvā

140 ībat, ut iniceret spērātō bracchia collō;

ille fugit fugiēnsque "Manūs complexibus aufer!

Ante" ait "ēmoriar, quam sit tibi cōpia nostrī";

rettulit illa nihil nisi "sit tibi cōpia nostrī!"

Marginal glosses:

minae -ārum *f pl* = dicta minantia
haec: Ēchō
ingemināre = iterum facere
ingemināre vōcēs : bis eāsdem vōcēs dīcere
re-portāre

adulēscentulus -ī *m* = adulēscēns (nōndum XX annōrum)
cervus -ī *m* (*v. pāg.* 30)

vēnārī = ferās persequī et occidere

vōce magnā
illa: Ēchō

Narcissus respicit | re-spicere ↔ prōspicere

tot-idem = īdem numerus
totidem, quot dīxit, verba: tot verba, quot dīxerat

co-īre

ēgredī ēgressum

in-icere
spērātō collō

complexus -ūs *m* < complectī; "Manūs *ā* complexibus aufer" : manus abstine ā mē
tibi sit cōpia nostrī = mē in potestāte tuā habeās nōs, *gen* nostrī

dē-pōnere = dimittere
repulsa -ae *f* < re-pellere
ex-tenuāre = tenuem facere

paulātim *adv* = paulum ac paulum (↔ subitō)

lapis -idis *m* (*v. pāg.* 67)

Nympha misera, cum tam turpiter sē contemptam esse
sēnsisset, iterum in silvās fūgit ibique latuit, pudōre affecta, **145**
vīvēns obscūrīs in antrīs; nec tamen poterat ex animō
dēpōnere amōrem, quī, immō, ob dolōrem repulsae etiam
atque etiam crēscēbat; cūrīs cōnfectum corpus extenuātur, et
membra in diēs graciliōra fīunt; paulātim nihil restat, nisi vōx
et ossa; vōx tandem manet sōla, ossa in lapidem conversa **150**
sunt. Vōx igitur sine corpore

inde = ex eō tempore
latet *in* silvīs

ab omnibus

inde latet silvīs nūllōque in monte vidētur,

omnibus audītur: sonus est, quī vīvit in illā.

dē-spicere -spexisse -spectum

Intereā pulcherrimus ille puer tantum errandō in silvīs
ferīsque persequendīs gaudēbat, neque quemquam sē amāre **155**
sinēbat, sed omnēs, eōdem modō quō Ēchō dēspecta erat,
contemnēbat:

cupīvēre = cupīvērunt

in tenerā formā | superbia -ae *f* < superbus

tetigēre = tetigērunt

multī illum iuvenēs, multae cupiēre puellae;

sed fuit in tenerā tam dūra superbia fōrmā,

nūllī illum iuvenēs, nūllae tetigēre puellae. **160**

Ōlim pervēnit Narcissus ad amoenissimum locum, ubi
altissimae arborēs umbram in rīvum faciēbant pūrissimae
aquae:

fōns fontis *m* = aqua ē terrā ērumpēns (*v. pāg.* 44) | il-līmis -e = pūrus
nitidus -a -um = pūrissimus ac pulchrē lūcēns
pāscere pāvisse pāstum | capella -ae *f* = parva *capra* | capra -ae *f* (*v. pāg.* 54)
contingere -tigisse (< cum + tangere) = tangere
volucris -is *f* = avis

turbā*v*erat

fōns erat illīmis, nitidīs argenteus undīs,

quem neque pāstōrēs neque pāstae monte capellae **165**

contigerant aliudve pecus, quem nūlla volucris

nec fera turbārat nec lāpsus ab arbore rāmus;

circā fontem erat mollis herba, in quā puer cum fessus
esset currendō per silvam, recubuit; deinde, cum sitim
paterētur, vultum ad aquam admōvit; cum vērō suam **170**
imāginem in aquā vīdisset, crēdidit ibi fōrmōsissimum latēre
puerum; cuius amōre statim accēnsus est,

sēdāre = tranquillum facere (↔ turbāre);

114

dumque sitim sēdāre cupit, sitis altera crēvit,

dumque bibit, vīsae correptus imāgine fōrmae

175 spem sine corpore amat: corpus putat esse, quod umbra est.

Stupuit Narcissus cum, humī iacēns, spectāvisset illōs oculōs, quae quasi lūcentia sīdera, ex aquā eum intuērī vidēbantur, et capillōs dignōs Bacchō, dignōs Apolline, pulcherrimāsque genās et candidum collum decusque

180 ōris et in niveō mixtum candōre rubōrem,

cūnctaque mīrātur, quibus est mīrābilis ipse:

sē cupit (imprūdēns!) et, quī probat, ipse probātur,

dumque petit, petitur, pariterque accendit et ārdet.

Ō, quotiēs dedit ōscula fontī! Quotiēs conātus est frūstrā

185 imāginem, quam in aquā vidēbat, complectī!

Bracchia mersit aquīs nec sē dēprēndit in illīs!

Quid videat, nescit; sed quod videt, ūritur illō;

Miser Narcisse, nōnne intellegis nūllō in locō, nisi in tē ipsō, esse quod petis?

190 Ista repercussae, quam cernis, imāginis umbra est:

nīl habet ista suī; tēcum vēnitque manetque;

tēcum discēdet, sī tū discēdere possīs!

Tantus fit amor, quō ūritur, ut neque dē cibō neque dē somnō capiendō iam cūret: nam ex eō locō āvertī nōn iam

195 vult, neque aliud cupit nisi omnī tempore fōrmōsissimam illam imāginem spectāre; Sīc vērō inter lacrimās ait:

"Et placet et videō; sed quod videōque placetque,

nōn tamen inveniō" (tantus tenet error amantem!)

(sitim) s. = minuere

cor-ripere (< rapere)
vīsae fōrmae

Bacchus

stupēre -uisse

sīdus -eris *n* = stella

Bacchus -ī *m*

decus -oris *n*
= pulchritūdō

niveus -a -um (< nix) = candidus (ut nix)
candor -ōris *m* = color candidus
rubor -ōris *m* = color ruber

im-prūdēns -entis ↔ prūdēns
probāre = probum (: pulchrum) esse putāre

ārdēre = igne (: amōre) cōnsūmī

aquīs : in aquās
dē-prehendit

ūritur illō quod videt

re-percutere
umbra repercussae imāginis

sē, *gen* suī

quōque: et ut

115

Narcissus amore capitur suae imaginis in fonte repercussae

"Quōque magis doleam, nec nōs mare sēparat ingēns

200 nec via nec montēs nec clausīs moenia portīs;

exiguā prohibēmur aquā! Cupit ipse tenērī:

nam quotiēs liquidīs porrēximus ōscula lymphīs,

hic totiēs ad mē resupīnō nītitur ōre.

Posse putēs tangī: minimum est, quod amantibus obstat!

205 Quisquis es, hūc exī! Quid mē, puer ūnice, fallis

quōve, petītus, abīs? Certē nec fōrma nec aetās

est mea, quam fugiās, et amārunt mē quoque nymphae!

Spem mihi (nesciŏ quam) vultū prōmittis amīcō,

cumque ego porrēxī tibi bracchia, porrigis ultrō,

210 cum rīsī, arrīdēs; lacrimās quoque saepe notāvī

mē lacrimante tuās!"

Post multōs diēs multāsque noctēs tandem Narcissus intellēxit eam, quam in aquā vidēbat, nihil aliud esse nisi suī ipsīus imāginem:

215 "Iste ego sum: sēnsī, nec mē mea fallit imāgō;

ūror amōre meī: flammās moveōque ferōque.

quid faciam? roger anne rogem? quid deinde rogābō?

quod cupiō mēcum est...

Ō utinam ā nōstrō sēcēdere corpore possem!

220 vōtum in amante novum: vellem, quod amāmus, abesset!"

Cum tālia verba dīceret, puer miserē flēbat, et lacrimīs turbāvit aquās; tum in lacū nihil aliud cōnspexit nisi obscūram quandam fōrmam abeuntem;

... quam cum vīdisset abīre,

225 "Quō refugis? Remanē, nec mē, crūdēlis, amantem

---

sē-parāre ↔ coniungere

ipse: quī in aquā cernitur
quotiēs... totiēs | liquidīs lymphīs
liquidus -a -um = fluēns (ut aqua), pūrus
lympha -ae f = aqua | nītī: accēdere cōnārī
resupīnus -a -um = in tergō iacēns
ad mē resupīnō ōre nītitur: ōre ad mē nītitur
  quasi in tergō iacēret | putēs posse tangī :
  aliquis putāre possit tē tangī posse (: vidēris
  ferē tangī posse) | ob-stāre = viam claudere
quid: cūr | ūnicus -a -um = ūnus et sōlus
  (: cārissimus)

quamquam petītus

amā*vē*runt

porrigere porrēxisse = extendere
ultrō = volēns, per tē
ar-rīdēre < ad + rīdēre
notāre = animadvertere
lacrimās tuās

sentīre sēnsisse sēnsum

nom ego, *gen* meī
ferō : patior

ā nostrō (: meō) corpore sēcēdere
sē-cēdere = discēdere
vōtum -ī n = voluntās
vōtum in amante novum : nūllus umquam
  amāns id voluit quod ego

nec dēsere = atque nōlī dēserere
tangere nōn est (: nōn licet)

dēsere!" clāmāvit; "Liceat, quod tangere nōn est,

aspicere!"

Haec locūtus, dolēns vestem scīdit, et nūdum pectus
candidīs manibus percussit; deinde vīrēs magis magisque
āmīsit;   230

corpus, quod quondam
quondam *adv* = olim

nec corpus remanet, quondam quod amāverat Ēchō.

Amōre cōnsūmptus,

viridis -e = herbae colōre
sub-mittere -mīsisse -missum ↔ tollere

lūmen -inis *n* = lūx; lūmina = oculī

in īnfernā sēde receptus

Stygia aqua = fluvius *Styx*
Styx -gis *f* = fluvius apud Īnferōs

ille caput viridī fessum submīsit in herbā,

lūmina mors clausit dominī mīrantia fōrmam:

tum quoque sē, postquam est īnfernā sēde receptus,   235

in Stygiā spectābat aquā.

lūgēre lūxisse
ad-sonāre -uisse (+ *dat*)
   = sonum dare (ūna cum)

rogus -ī *m*

Lūxērunt omnēs nymphae; lūgentibus adsonuit Ēchō; sed
cum iam rogum parāvissent, in quō corpus pōnerent,

nusquam *adv* = nūllō in locō
croceus -a -um = aureō colōre

foliīs medium cingentibus albīs : cuius pars
   media albīs foliīs cingitur

nusquam corpus erat; croceum prō corpore flōrem

inveniunt foliīs medium cingentibus albīs.   240

Pōmōna -ae *f*
Vertumnus -ī *m*

3. Pomōna et Vertumnus

nympha -ae *f.* nymphae sunt deae minōrēs
   quae silvās, montēs, flūmina incolunt

Fuit Pōmōna nympha Latīna, quae studiōsissima erat
colendī hortōs:

nōn silvās illa nec amnēs,

fēlīx -īcis = fertilis; (pōma) fēlīcia = multa et
pulchra | pōmum -ī *n* = pōma sunt māla,
pira, ūvae, cēt.

rūs amat et rāmōs fēlīcia pōma ferentēs,

ex quibus ipsa nōmen habuerat; manū numquam hastam   245
tenēbat, nequa alia eī arma grāta erant, praeter falcem quā
rāmōs nimis longōs secābat, aut nimis magnam foliōrum
cōpiam minuēbat. Nec umquam arborēs sitim patī sinēbat,
sed saepe terram aquā flūminum rigābat, nē sicca fieret:

250 hic amor, hoc studium, Veneris quoque nūlla cupīdō est;

Nam, quamquam multī et mortālēs et immortālēs eam amābant, omnēs virōs omnēsque deōs fugere solēbat, sōlīs suīs frūgibus pōmīsque contenta. Neque igitur Satyrī, neque Pān et Silvānus, silvārum dī, ad eam accēdere potuerant, etsī
255 nōn parvō amōre accēnsī erant; sed

superābat amandō

hōs quoque Vertumnus neque erat fēlīcior illīs.

Pān Pānis *m*

Silvānus -ī *m*

Satyrus -ī *m*

Quī Vertumnus, ut Pōmōnae hortīs appropinquāret, saepe agricolae vestīmenta induēbat, et in umerīs corbēs frūmentī
260 plēnās ferēbat, vel, miscēns fēnum capillīs, faciēbat ut rūsticō similis esse vidērētur; saepe ita virgam manū portābat, ut crēderēs eum modo ex arātrō bovēs solvisse; falcem gerēns, vītēs nūper putāvisse vidēbātur; cum vērō scalās umerīs portāret, efficere volēbat, ut nympha sē ad pōma
265 carpenda īre arbitrārētur. Interdum, armātus gladiō, mīlitis fōrmam sūmēbat; nōnnumquam, harundine sūmptā, piscātōrī similem sē ipse faciēbat; modo hāc, modo illā veste induēbātur, ut ferē occultus ac latēns prope Pōmōnae hortōs ad eam spectandam venīret.
270 Cum autem intellēxisset nūllum virum in Pōmōnae hortōs admittī, mitrā in capite positā, membra sustinēns baculō et albōs capillōs sibi addēns simulāvit sē esse anum

…cultōsque intrāvit in hortōs

pōmaque mīrāta est.

Veneris : amōris
cupīdō -inis *f* = cupiditās

contentus -a -um + *abl* = quī suā rē dēlectātur, quī satis habet
Satyrus -ī *m* = comes Bacchī

superāre = vincere, melior esse quam

hōs : Satyrōs, Pānem, Silvānum

harundō

fēnum

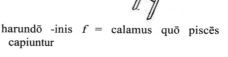

corbis -is *f*

faenum -ī *n* = herba secta et sicca
virō rūsticō: agricolae

scālae -ārum *f pl*
putāre = secāre rāmōs nimis longōs

harundō -inis *f* = calamus quō piscēs capiuntur

occultus -a -um = quī occultātur, latēns

mitra -ae *f*

simulāre = similem facere;
simulat sē esse = agit velut sī esset

cultus -a -um *part* < colere

Quae cum admīrāta esset, nymphae artem valdē laudāvit,   275

laudātae *puellae*

> paucaque laudātae dedit ōscula, quālia numquam
>
> vēra dedisset anus,

pōmīs (: propter pōma) gravēs

ulmus -ī *f*

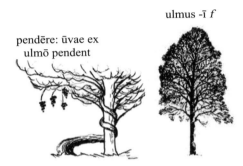

pendēre: ūvae ex ulmō pendent

et cōnsēdit humī suspiciēns arborum rāmōs autumnī pōmīs gravēs. Habēbat ante oculōs ulmum pulcherrimam, ex quā pendēbant mīrābilēs ūvae; quās cum multīs verbīs   280 laudāvisset, " At sī arbor " inquit " stāret sine vīte, nūlla esset causa cūr hominēs eam peterent, praeter umbram, quam facit; haec quoque vītis, quae cum ulmō iūncta est, in arbore quiēscit; sī enim nōn nūpta esset, humī iacēret;

nōn tangeris : nōn movēris

concubitus -ūs *m* (< cum + cubāre)

> tū tamen exemplō nōn tangeris arboris huius   285
>
> concubitūsque fugis nec tē coniungere cūrās:
>
> atque utinam vellēs!...

āversāre = saepe āvertere

sēmideus -ī *m* = ex dīmidiā parte deus

quaecumque nūmina = omnia nū-mina quae | nūmen -inis *n* = deus

quae : nam ego   taeda

vulgāris -e = commūnis
taeda -ae *f*: cum vir et fēmina coniugēs fīunt, *taedae* ante eōs feruntur | rē-icere (< -iacere)
torus -ī *m* = lectus | socius -ī *m* = quī commū-nī fortūnā/negōtiō coniungitur cum aliquō
sē-ligere = ēligere

> ... Nunc quoque, cum fugiās āversērisque petentēs,
>
> mīlle virī cupiunt et sēmideīque deīque
>
> et quaecumque tenent Albānōs nūmina montēs.   290
>
> sed tū sī sapiēs, sī tē bene iungere anumque
>
> hanc audīre volēs (quae tē plūs omnibus illīs,
>
> plūs, quam crēdis, amō): vulgārēs rēice taedās
>
> Vertumnumque torī socium tibi sēlige!...

ā latere tuō discēdet : tē dēseret

Semper enim tē amābit neque umquam ā latere tuō discēdet;   295 haec loca sōla incolit, nec errat per tōtum terrārum orbem: sīcut tū ipsa, ille quoque hortōs dīligit quōs magnā cum cūrā colit. Praetereā iuvenis est, et pulchrā faciē; et est parātus ad facienda omnia quae iusseris. Nē eum sprēveris! Nōnne scīs quid ōlim Anaxaretī factum sit, quae Iphidis amōrem dēspexerat?"   300

spernere sprēvisse sprētum = dēspicere, contemnere
Anaxarētē -ēs (*acc* -ēn) *f Gr*
Iphis -idis (*acc Gr* Iphin) *m*

At Pōmōna, quae fābulam ignōrābat, ab anū quaerit 'quid illī fēminae acciderit?' Cui anus: " Cum Iphis, quī pauper fuit

Vertumnus, simulans se esse anum, in Pomonae hortos ingressus, cum ea colloquitur

adulēscēns, Anaxaretēn, nōbilissimam virginem, vīdisset, continuō mīrō amōre accēnsus est; cum quō diū pugnāre conātus est, sed frūstrā: nam ignis, quō cōnsūmēbātur, tam valdē eius animum ūrēbat, ut exstinguī nōn posset. Cum ergō vincere nōn potuisset, et ad līmen domūs vēnisset, in quā virgō habitābat, suum amōrem eius nūtrīcī cōnfessus, eam ōrāvit ut Anaxaretī persuādēret nē nimis dūra esset, et ut sibi parceret; deinde saepe sua verba in tabellīs īnscrīpta servīs dedit, ut virginī trāderent legenda; interdum pulchra flōrum serta suīs lacrimīs rigāta in foribus fīxit, et ipse tōtōs diēs tōtāsque noctēs iacēns in dūrō illīus domūs līmine cōnsūmpsit, exspectāns dum admitterētur: illa tamen fuit dūrior ferrō aut saxō: 315

305

310

spernit et irrīdet, factīsque immītibus addit

verba superba ferōx et spē quoque fraudat amantem.

Nōn tulit, impatiēns longī tormenta dolōris,

Iphis et ante forēs haec verba novissima dīxit:

"Vincis, Anaxaretē, neque erunt tibi taedia tandem 320

ūlla ferenda meī...

Vincis enim, moriorque libēns: age, ferrea, gaudē!"

Praetereā haec addidit: "Nec quisquam tibi mortem meam nūntiābit:

ipse ego, nē dubitēs, aderō praesēnsque vidēbor, 325

corpore ut exanimī crūdēlia lūmina pāscās.

Sī tamen, ō superī, mortālia facta vidētis,

este meī memorēs (nihil ultrā lingua precārī

sustinet) et longō facite ut nārrēmur in aevō!"

Haec locūtus ad iānuam, quam tam saepe flōribus 330
ōrnāverat, īvit; cum vērō oculōs lacrimīs plēnōs et pallida

cum quō *amōre*

exstinguere ↔ accendere

dūrus = sevērus

sertum -ī *n* = flōrum catēna (*v. pāg.* 92)

ir-rīdēre = dērīdēre
im-mītis -e = ferōx

fraudāre = fallere; spē fraudāre aliquem = spem ēripere alicui
tormentum -ī *n* = crūciātus (< crūciāre)

taedium -iī *m* = trīstitia animī quae ex rē molestā oritur; taedi*um* me*ī* = ego molestus
ferenda : patienda
nom ego, *gen* meī

libēns -entis = libenter | ferrea : fēmina, cuius animus est dūrus ut ferrum

ut corpore exanimī
exanimis -e = sine animō, mortuus
lūmen -inis *n* = lūx; lūmina = oculī
mortālia facta : facta hominum

ultrā *adv*: nihil ultrā = nihil aliud
sustinet : potest
aevum -ī *n* = aetās; longō in aevō : per longum tempus | ut in longō aevō nārrēmur : ut diū dē nōbīs hominēs nārrent

bracchia sustulisset, laqueumque trabī, quae in summā forium parte erat, vīnxisset,

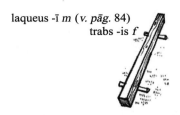

laqueus -ī *m* (*v. pāg.* 84)
trabs -is *f*

"Haec tibi serta placent, crūdēlis et impia!" dīxit

335   īnseruitque caput, sed tum quoque versus ad illam!

īn-serere -uisse -tum = pōnere in; inseruit *in laqueum* | vertere -tisse -sum

Tum sine morā sē suspendit; pedēs autem trementēs iānuam percussērunt; quī intus erant crēdidērunt aliquem forēs pulsāre ut aperīrentur: cum autem servī iānuam aperuissent, et iuvenem laqueō suspēnsum cōnspexissent,

340   magnā vōce clāmāvērunt; deinde corpus sine vītā ad mātrem (nam pater iam mortuus erat) rettulērunt:

sus-pendere -pendisse -pēnsum = pendentem facere

homō laqueō suspēnsus

re-ferre rettulisse re-lātum

accipit illa sinū, complexaque frīgida nātī

membra suī, postquam miserōrum verba parentum

ēdidit et mātrum miserārum facta perēgit,

345   fūnera dūcēbat mediam lacrimōsa per urbem.

com-plectī -xum esse
nātus -ī *m* = fīlius | nātī suī

ē-dere -didisse -ditum (< ē + dare); verba ēdere : dīcere | per-agere -ēgisse -āctum = ad fīnem agere, fīnīre
fūnus -eris *n*:f. facere = ossa sepelīre
fūn*us* dūcēbat
lacrimōsus -a -um (< lacrima) = trīstis
per mediam urbem

pompa -ae *f* = agmen hominum prōcēdentium

Forte domus Anaxaretēs sita erat in viā, quā pompa lūgentium prōgrediēbātur; audītō igitur clāmōre, illa virgō crūdēlis, "Videāmus" inquit "haec fūnera". Cum vērō in tēctum ascendisset et inde ex fenestrīs Iphin in lectō fūneris

350   positum prōspexisset,

dēriguēre oculī, calidusque ē corpore sanguis,

inductō pallōre, fugit, cōnātaque retrō

ferre pedēs, haesit; cōnāta āvertere vultūs

hoc quoque nōn potuit, paulātimque occupat artūs,

355   quod fuit in dūrō iam prīdem pectore, saxum.

dē-rigēre -uisse = flectī dēsinere
in-dūcere -dūxisse -ductum

pallor -ōris *m* < pallēre
retrō = eō unde vēnerat (←)

haerēre -sisse -sum = fīxus esse, movērī nōn posse | vult*um*

paulātim = paulum ac paulum (↔ subitō)
artus -ūs *m* = membrum

occupat artus saxum, quod fuit iam prīdem in dūrō pectore (: mūtātur in saxum)

" Nē crēdideris" ait anus "tālia falsa esse: nam vērissima sunt! Cuius exemplī reminīscēns, superbiam tuam dēpōne, ō virgō, et coniunge tē amantī!"

Cum haec dīxisset, Vertumnus, anīlī fōrmā vestīmentīsque

360   dēpositīs, in iuvenem rediit, et tālis appāruit nymphae; quae,

dē-pōnere -posuisse -positum ↔ induere; superbiam dēpōne : dēsine esse superba

anīlis -e < anus

in iuvenem : in fōrmam iuvenis

cum eius pulchritūdinem cōnspexisset, ipsa quoque statim amōre capta est et in animō vulnera sēnsit. Vertumnus igitur, cum hōc modō Pōmōnam vincere potuisset, eandem uxōrem dūxit.

sentīre sēnsisse sēnsum

4. Phaetōn

Phaetōn -ontis *m*

Rēgia Phoebī, Sōlis deī, cuius tēctum eburneum altissimīs columnīs sustinēbātur, lūcēbat tōta, cum ex pūrissimō aurō aliīsque metallīs ignem imitantibus facta esset; forēs atque fenestrae argenteae clārissimē splendēbant; at opus, quod Vulcānus arte suā in iānuīs cōnfēcerat, māteriam pretiōsam superābat: nam illīc caelāverat maria, quae cingunt terrās,   370

rēgia -ae *f* = domus rēgis
eburneus < ebur -oris *n* = māteria candida et pretiōsa

metallum -ī *n*: metalla sunt ferrum, argentum, aurum, cēt.

terrārumque orbem caelumque, quod imminet orbī.

caelāre = imāginēs scalpellō facere in aurō/argentō/marmore

In illō mīrābilī opere deī marīnī cernēbantur et Nāiadēs,

im-minēre < in + minēre: (orbī) i.et = est suprā (orbem) | imminet orbī *terrārum*

marīnus -a -um < mare
Nāias -adis *f.* Nāiadēs sunt nymphae aquārum

...quārum pars nāre vidētur,

nāre = natāre
mōlēs -is *f* = saxum in marī
viridis -e = herbae colōre
siccāre = siccum facere
ūna : eadem

pars in mōle sedēns viridēs siccāre capillōs,

pisce vehī quaedam: faciēs nōn omnibus ūna,   375

dīversus -a -um = varius (↔ īdem)

nōn dīversa tamen, quālem decet esse sorōrum.

Terra virōs urbēsque gerit silvāsque ferāsque

nūmen -inis *n* = deus

flūminaque et nymphās et cētera nūmina rūris;

haec super : super haec
fulgēre = (subitō) lūcēre

haec super imposita est caelī fulgentis imāgō.

Hūc cum vēnisset Phaetōn, Sōlis fīlius, patris domum intrāvit ac gradūs ad parentem versus fēcit, quī, indūtus purpureā veste, sedēbat in soliō clārīs gemmīs lūcente; Phaetōn procul cōnstitit ; nam magnam lūcem propius oculīs sustinēre nōn poterat. Ad dextram et ad sinistram Sōlis aderant Diēs et Mensēs et Annī et Saecula et Hōrae;   385

purpureus -a -um < *purpura*
purpura -ae *f* = color ruber pretiōsus
solium -ī *n* = magna sella rēgis

sustinēre : patī

Vērque novum stābat cīnctum flōrente corōnā,

flōrēns -entis (< flōs) = flōribus ōrnātus | corōna -ae *f* (*v. pāg.* 24)

stābat nūda Aestās et spīcea serta gerēbat,

spīceus -a -um < *spīca*   spīca -ae *f*
sertum -ī *n*= flōrum catēna (*v. pāg.* 92)

Phaeton Solis, patris sui, domum ingressus, rogat ut sibi currus regendus tradatur

calcāre = pede premere

glaciālis -e < glaciēs | cānus -a -um = albus
hirsūtus -a -um = quī multōs capillōs habet
hirsūta cānīs capillīs

stābat et Autumnus calcātīs sordidus ūvīs

et glaciālis Hiems cānōs hirsūta capillōs

In mediō omnium sedēns,   390

Sōl oculīs iuvenem, quibus aspicit omnia, vīdit

atque "Quae est causa" ait "cūr hūc vēneris? Cūr ūsque ad
meam rēgiam iter fēcistī, fīlī mī?" Ille vērō respondit : "Ō
Phoebe pater, quī es lūx tōtīus mundī: quīdam, quī fortasse
invident mihi, negāvērunt mē fīlium tuum esse: nunc igitur tē   395
ōrō et rogō ut mihi dubium tollās, et aliquō modō certō
dēmōnstrēs ā mē vērē et iūre 'patrem' tē nōminārī posse!"

Phoebus -ī m = Sōl

radius -ī m = lūcis līnea (v. pāg. 43)

com-plectī -xum esse

Phoebus dēposuit omnēs radiōs, quī circā caput lūcēbant,
ut Phaetonta propius accēdere sineret; cumque eum sibi
appropinquāre iussisset, complexus, "Numquam" inquit   400
"negābō tē vērē fīlium meum esse; nē autem iam dē hāc rē
dūbitēs, pete mūnus quod vīs, et mē illud tibi datūrum esse
prōmittō!"

ortus -ūs m (< orīrī)
occāsus -ūs m (< occidere) ↔ ortus

paenitēre -uisse : mē paenitet ita fēcisse
    = doleō quod ita fēcī

Vix loquī dēsierat, cum puer rogāvit ut currus, quō cotīdiē
Sōl tōtum caelum ab ortū ūsque ad occāsum percurrere   405
solēbat, sibi per ūnum diem regendus trāderētur. Patrem
prōmīsisse paenituit; quī, ter quaterque quatiēns caput,
exclāmāvit:

prōmissa dare = facere quod prōmissum est

nātus -ī m = fīlius

"...utinam prōmissa licēret

nōn dare! Cōnfiteor, sōlum hoc tibi, nāte, negārem!   410

Dissuādēre licet: nōn est tua tūta voluntās!

mūnera quae

puerīlis -e < puer

sors -rtis f = fātum

magna petis, Phaethōn, et quae nec vīribus istīs

mūnera conveniant nec tam puerīlibus annīs:

sors tua mortālis; nōn est mortāle, quod optās!"

Cum autem vīdisset fīlium ā temerāriō cōnsiliō nōn facile   415
āvertī posse, haec addidit: "Nē immortālēs quidem, mihi
crēde, illum currum regere possunt, praeter mē: Iuppiter ipse,

quī terribilī suā dextrā fulgura in terrās iacit, hunc currum
agere nōn audet:

...et quid Iove māius habēmus?

Nam prīma pars viae, quam equī māne percurrunt, est
420 ardua et difficilis; altera vērō

                                                         altera pars vērō est altissima in mediō caelō

mediō est altissima caelō,

unde mare et terrās ipsī mihi saepe vidēre

fit timor;

ultima tandem viae pars, cum deorsum versa sit,   *vertere -tisse -sum*
425 perīculōsissima est atque ad eam tūtō percurrendam aurīgā
opus est, quī bene equōs regere sciat! Tū fortasse, fīlī mī,
crēdis in caelō esse amoenissimōs hortōs et urbēs deōrum
pulcherrimās atque templa pretiōsissimīs dōnīs plēna, neque
ita est, ut arbitrāris: immō,

430   ...per īnsidiās iter est fōrmāsque ferārum!   *īnsidiae -ārum f = loca perīculōsa et fallācia*

Nisi cāveris, Taurus īrātus cornibus tē petet; via est
perīculōrum plēna : hinc enim habēbis Sagittārium, quī arcū
suō ēmittit sagittās, illinc saevī Leōnis ōs, apertum et ad tē
mordendum parātum; bracchia sua ad tē apprehendendum
435 Scorpiō ad dextram et Cancer ad sinistram extendent; neque
facile erit tunc equōs timentēs metūque affectōs regere : vix
mihi pārent, vix mē patiuntur!

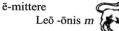
Sagittārius -iī m   *Taurus -ī m*
ē-mittere
               Leō -ōnis m
                        Scorpiō -ōnis m
Cancer -ī m

Nāte, cavē, dum rēsque sinit tua corrige vōta!   *dum rēsque = et dum rēs | vōtum*
                                                             vōtum -ī n = voluntās

Vīs certō scīre utrum sim tibi pater an nōn: num dubitās,
440 cum videās mē tam valdē timēre ? Aspice vultum meum:

...utinamque oculōs in pectora possēs   *in pectora : in pectus meum*
                                                (oculōs) īnserere in aliquid = intuērī aliquid

īnserere et patriās intus dēprēndere cūrās!   *patrius -a -um < pater*
                                                dē-prehendere/-prēndere : vidēre, cernere
                                                cūra -ae f = metus nē quid malī accidat

dīves mundus
circum-spicere = circum sē aspicere

ē tot ac tantīs bonīs caelī terraeque marisque
  posce aliquid

patiēr*is* | repulsa -ae *f* < repellere; repulsam
  patī = repellī

dēnique quidquid habet dīves, circumspice, mundus

ēque tot ac tantīs caelī terraeque marisque

posce bonīs aliquid; nūllam patiēre repulsam!   445

Hoc ūnum precor nē velīs,

…quod vērō nōmine poena,

nōn honor est: poenam, Phaetōn, prō mūnere poscis!

honor -ōris *m* = signum laudis, glōria

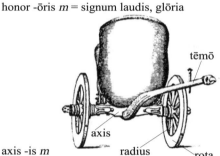

axis -is *m*   radius   rota

tēmō -ōnis *m* | rota -ae *f* | radius -ī *m*

Cum tālia dīxisset, Phoebus loquī atque monēre dēsiit; at
Phaetōn tam multum currum illum regere cupiēbat, ut omnia   450
alia patris mūnera contemneret. Ergō pater, cum fīliō
dissuādēre nōn potuisset, eum ad currum dūxit, quem ōlim
Vulcānus suā arte mīrābilī cōnfēcerat. Axis erat aureus,
aureus erat tēmō, aureae rotae, at argenteī radiī: quae metalla
ūnā cum gemmīs, quibus tōtus currus ōrnābātur, Sōlis lūmen   455
repercussum in omnēs caelī partēs spargēbant.

Cum Phaetōn haec omnia stupēns admīrārētur opusque
dīligenter aspiceret, subitō aperuit

re-percutere

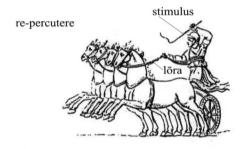

dif-fugere = in contrāriās partēs fugere

purpureās Aurōra forēs et plēna rosārum

ātria: diffugiunt stēllae;   460

quās cum = et cum eās
rubēscere = rubēre incipere, rubēns fierī

iungere + *dat* = iungere cum + *abl*

quās cum nōn iam appārēre, atque mundum rubēscere
vīdissent, properāvērunt Hōrae equōs addūcere, quōs
continuō curruī iūnxērunt; tum pater, animō turbātō, fīlium
suum salūtāns dīxit: 465

saltem = tantum (sī alterum nōn datur)

stimulus -ī *m*
lōra -ōrum *n pl*
equī properant
labor -ōris *m* = rēs difficilis et molesta
inhibēre = retinēre | volentēs *currere*

"Sī potes hīs saltem monitīs parēre parentis,

parce, puer, stimulīs et fortius ūtere lōrīs!

Sponte suā properant: labor est inhibēre volentēs.

Viam mediam tenē: iter fac in mediō āere inter caelum et

terram;   470

altius ēgressus caelestia tēcta cremābis,

īnferius terrās; mediō tūtissimus ībis."

Occupat ille levem iuvenālī corpore currum

statque super, manibusque levēs contingere habēnās

475　gaudet et invītō grātēs agit inde parentī.

Vix habēnās tetigerat puer, cum Sōlis equī, excurrentēs,
Aurōrae portā ērūpērunt, pedibusque per āera mōtīs, nūbēs
scindēbant sūrsum ēvolantēs;

sed leve pondus erat nec quod cognōscere possent

480　Sōlis equī, solitāque iugum gravitāte carēbat.

Currum igitur, tamquam sī ā nūllō aurīgā regerētur, modo
in altum, modo ad terrās trahēbant; Phaetōn, perterritus,

nec scit quā sit iter, nec, sī sciat, imperet illīs;

ūsque ad septentriōnēs pervenit, igneque eam caelī partem

485　ūrit;

Ut vērō summō dēspexit ab aethere terrās

īnfēlīx Phaethōn penitus penitusque iacentēs,

palluit et subitō genua intremuēre timōre

suntque oculīs tenebrae per tantum lūmen obortae,

490　et iam māllet equōs numquam tetigisse paternōs!

Quid faciat? multum caelī post terga relictum,

ante oculōs plūs est;

modo prōspicit, modo respicit,

quidque agat ignārus stupet et nec frēna remittit

495　nec retinēre valet nec nōmina nōvit equōrum.

---

caelestis -e < caelum
caelestia tēcta : domōs deōrum
cremāre = ūrere
in mediō *caelō* tūtissimus ībis

occupāre; o.at currum = locum capit in currū
iuvenālis -e < iuvenis

con-tingere (< cum + tangere) = tangere
habēnae -ārum *f* (*v. pāg.* 49)

invītus -a -um = nōlēns (↔ libēns)
grātēs *f pl* = grātiās | inde : ex currū

iugum

pondus -eris *n* = aliquid grave; leve pondus
　Phaetontis erat = Phaeton levis erat
solitus -a -um = quī solet esse/fierī
iugum -ī *n* (: currus)
gravitās -ātis *f* (< gravis) = pondus

quā *viā* sit iter (: eundum sit)

ab summō aethere terrās dēspexit

penitus *adv* : procul

pallēscere -luisse = pallēre incipere, pallidus
　fierī | in-tremere -uisse | -ēre = -ērunt
lūmen -inis *n* = lūx
ob-orīrī -ortum esse = repente orīrī
tenebrae per tantum lūmen (: etsī tantum erat
　lūmen) obortae sunt
paternus -a -um < pater

re-linquere -līquisse -lictum

re-spicere ↔ prōspicere

frēnum -ī *n* (*v. pāg.* 100)
re-mittere
nec frēna remittit *quō tardius equī currant*
valēre + *inf* = posse

Ex manibus puerī, quī ingentī metū afficiēbātur, habēnae
dēlāpsae sunt: cum autem equī in tergō sēnsissent habēnās
relictās esse, per āera sine lēge errant et ignōtās regiōnēs
percurrunt; cum ad montēs campōsque accēdunt, terra,
exhaustā aquā, sicca subitō fit, et ūritur igne; ūruntur et   500
arborēs in agrīs;

...magnae pereunt cum moenibus urbēs,

cumque suīs tōtās populīs incendia gentēs

in cinerem vertunt; silvae cum montibus ārdent;

siccī fīunt fontēs, glaciēs nivēsque molliuntur; omnia ignis   505
cōnsūmit.

Tum vērō Phaethōn cūnctīs ē partibus orbem

aspicit accēnsum nec tantōs sustinet aestūs:

cum ubīque fūmus currum tegeret, puer nesciēbat ubi esset
aut quō īret; intereā gentēs tōtīus orbis terrae igne combustae   510
moriēbantur; avēs dē caelō in terram cadēbant; amnēs, quī
anteā per vallēs fluēbant, siccābantur; delphīnī et piscēs
ōceanī fundum petēbant, ut ignēs vītārent : at ipsa maria in
siccōs campōs vertēbantur.

Tandem Iuppiter cum aquā exstinguere ignem vellet,   515
neque nūbēs habuit neque imbrēs quōs dē caelō dēmitteret!
Tunc, īrātus, fulmen in puerum quī in currū stābat iēcit;
Phaetōn, graviter vulnerātus, in flūmen Ēridanum cecidit ac
mersus est, nec quisquam eī auxilium ferre potuit: nē pater
quidem, quī miserē lūgēns illō diē nūllam lūcem dedit terrīs;   520
neque sorōrēs, quae, effūsīs lacrimīs, quattuor mēnsēs nocte
diēque eum vocābant humī iacentēs, donec dī pedēs eārum
in rādīcēs, capillum in folia, bracchia in rāmōs mūtāvērunt:
restābant tantum ōra vocantia mātrem: quid vērō faceret
misera māter? Currēns enim hūc et illūc fīliārum corpora   525
complectēbātur et manibus rāmōs, in quibus membra
claudēbantur, rumpere et frangere cōnābātur: at inde sanguis

---

dē-lābī -lāpsum esse

sine lēge : sine dūce quī certā ratiōne eōs regat

incendia tōtās gentēs cum suīs populīs in
  cinerem vertunt
incendium -ī *n* = ignis quō domus cōnsūmitur
vertere in + *acc* = mūtāre in + *acc*
cinis -eris *m* = quod igne relinquitur, ossa usta
ārdēre = igne cōnsūmī

cūnctīs ē partibus : tōtum
orbem *terrārum* aspicit

sustinet : patitur | aestus -ūs *m* = calor

tegere = operīre

comb-ūrere = ūrere (multum)

dē-mittere = deorsum mittere

fulmen -inis *n* = fulgur

Ēridanus -ī *m* = fluvius Padus

rādix -icis *f* (*v. pāg.* 82)

re-stāre = reliquus esse, superesse

Phaeton, Iovis fulmine percussus, in flumen Eridanum de caelo cadit

Actaeon in luco nymphas conspicit Dianam lavantes

effundēbātur tamquam ex vulnere: " Parce, precor, māter! "
clāmābant, " Parce! Nostrum enim corpus in arbore scinditur!

corpus *quod est* in arbore

530 Iamque valē!" Nec quidquam aliud dīcere potuērunt.

5. Actaeōn

Actaeōn -onis (*acc sg Gr* -a) *m*

Fuit ōlim vallis quaedam multīs atque frequentibus operta
arboribus, cuius in ultimā parte antrum erat nōn hominum
arte sed nātūrā cōnfectum. Ad dextram ex fonte pūrissima
aqua effundēbātur; quī fōns mollī herbā undique cīnctus erat.

operīre -uisse opertum

antrum -ī *n* (*v. pāg.* 54)

535 Hīc Diāna, silvārum dea, quotiēs vēnandō fessa esset, ūnā cum
nymphīs suīs cōnsīdēns lavāre membra solēbat.

undique = ex omnibus locīs/partibus
cingere cīnxisse cīnctum
Diāna -ae *f*
vēnārī = ferās persequī et occīdere
nymphae -ārum *f pl* = deae minōrēs quae
  silvās, montēs, flūmina incolunt

Cum igitur ōlim in illam silvae partem pervēnisset,
nymphārum ūnī arcum sagittāsque suās trādidit, alterī vērō
vestem dedit; duae calceōs ex pedibus exuunt, dum tertia

540 capillōs per collum sparsōs colligit in nōdum. Tum aquam ex
fonte capācibus urnīs haustam in deae corpus effundunt. Cum
autem Diāna sīc membra lavet, iuvenis quīdam, nōmine
Actaeōn, quī cum canibus suīs in silvā vēnābātur,

ex-uere ↔ induere
col-ligere (< cum + ligere) ↔ spargere
  nōdus -ī *m*
capāx -ācis = quī
  multum capit (: continet)
urna -ae *f*

per nemus ignōtum nōn certīs passibus errāns

nemus -oris *n* = silva cum campīs

545 pervenit in lūcum: sīc illum fāta ferēbant.

lūcus -ī *m* = silva in quā deus adōrātur
fātum

Quī, cum prīmum in antrum intrāvit, ā Nymphīs
cōnspectus est Diānam lavantibus; quae, animō valdē
perturbātae, magnīs clāmōribus ingentibusque ululātibus

ululātus -ūs *m* < ululāre

tōtum lūcum implēvērunt, et circumdantēs Diānam suīs

550 corporibus texērunt; tamen ipsa dea altior illīs erat; ērubuit
igitur, atque color, quī cum sōl ōritur aut occidit

ē-rubēscere -buisse = rubēre incipere, rubēns
  fierī

nūbibus esse solet aut purpureae Aurōrae,

is fuit in vultū vīsae sine veste Diānae.

purpureus -a -um < *purpura*
purpura -ae *f* = color ruber pretiōsus

Dea īrāta, cum nōn prope sē habēret sagittās, hausit aquam

555 ē fonte, et vultum capillumque virī spargēns, haec verba
addidit: "Nunc, sī poteris, licēbit tibi nārrāre tē Diānam veste
positā vīdisse!"

133

Canes Actaeonem in cervum mutatum dilacerant

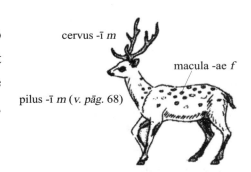

cervus -ī *m*

macula -ae *f*

pilus -ī *m* (v. pāg. 68)

Statim cornua cervī in Actaeonis capite aquā aspersō crēvērunt, collum auctum est, longiōrēs factae sunt aurēs, et

560 manus in pedēs, bracchia in longa crūra mūtāta sunt tōtumque corpus pilīs maculīsque opertum est. Ingentī metū affectus, fūgit Actaeōn,

et sē tam celerem cursū mīrātur in ipsō;

in ipsō cursū

ut vērō vultūs et cornua vīdit in undā,

vultūs : vultum
unda -ae *f* = parvus flūctus (: aqua)

565 "mē miserum!" dictūrus erat: vōx nūlla secūta est!

Ingemuit: vōx illa fuit, lacrimaeque per ōra

non sua flūxērunt; mēns tantum prīstina mānsit.

Quid faciat? repetatne domum et rēgālia tēcta

an lateat silvīs? Pudor hoc, timor impedit illud.

in-gemere -uisse = graviter spīrāre ob dolōrem
fluere flūxisse
prīstinus -a -um = antīquus
manēre mānsisse
re-petere: patriam r.
rēgālis -e < rēx (Actaeōn fuit fīlius fīliī rēgis)
hoc : in silvīs latēre
impedīre = aliquā rē prohibēre
illud: domum et rēgālia tēcta repetere

570 Cum autem, nesciēns quid faceret, sīc dubitāret, canēs eum vīdērunt; quōrum prīmī, cum cōnspexissent, vērum cervum eum esse putantēs, lātrandō signum cēterīs dedērunt; continuō igitur omnēs simul in eum fugientem impetū factō per silvam, per vallēs, per dūra saxa et per loca quibus

575 nūlla erat via persecūtī sunt.

Ille fugit per quae fuerat loca saepe secūtus,

per ea loca per quae secūtus fuerat (: erat) *ferās*

heu! famulōs fugit ipse suōs. Clāmāre libēbat:

famulus -ī *m* = servus; famulōs: canēs

"Actaeōn ego sum: dominum cōgnōscite vestrum!"

Verba animō dēsunt; resonat lātrātibus aethēr.

re-sonāre = sonum dare/facere
lātrātus -ūs *m* < lātrāre
aethēr -eris (*acc sg Gr* -era) *m* = āēr summus, caelum

580 Cum tandem eum canēs cōnsecūtī essent, eōrum prīmus dentibus in Actaeonis tergō vulnera fēcit; duō vērō aliī dentēs in crūribus fīxērunt; deinde, dum illī dominum retinent (quem cervum esse crēdēbant!) reliqua turba adveniēns eius corpus dentibus petīvit atque multīs in partibus momordit. Querebā-

585 tur ille ob dolōrem, nec tamen hūmānōs sonōs ex ōre ēdere

ē-dere < dare

poterat: cum in genua cecidisset, ferē rogāre et ōrāre ut sibi parcerent vidēbātur: circum sē aspiciēns oculīs, tendēbat

vultum ut solent bracchia tendere quī ōrant; at ecce accēdunt
amīcī, quī ūnā cum eō vēnārī solēbant; quī, ignārī, canēs
hortābantur ut cervum dentibus tenērent nēve fugere sinerent,   590

oculīsque Actaeona quaerunt

certātim *adv* < certāre

refert : vertit

ferus -a -um = ferōx

circum-stāre

rōstrum -ī *n*

dī-lacerāre = trahere hūc illūc mordendō
dominum sub falsā imāgine cervī

et velut absentem certātim "Actaeona!" clāmant

(ad nōmen caput ille refert) et abesse queruntur:

vellet abesse quidem, sed adest; velletque vidēre,

nōn etiam sentīre canum fera facta suōrum.   595

undique circumstant, mersīsque in corpore rōstrīs

dīlacerant falsī dominum sub imāgine cervī!

Sīc ille, graviter vulnerātus, miserē vītam fīnīvit.

136

INDEX NOMINVM

Numerī Rōmānī (I, II, III...) capitula significant, numerī vērō Arabicī (1, 2, 3...) līneās; Tit. = titulus; XXVI. Tit. 1 = titulus prīmae fābulae capitulī XXVI.

Colchis -idis *f*, regiō Asiae, **XXVII.**152

Comātās -ae *m*, pāstor, quem Mūsae ā morte servārunt, **XXVII.**Tit.4

Coriolī -ōrum *m pl*, māxima Volscōrum urbs, **XXVIII.**97

Cornēlia -ae *f*, nōbilis fēmina Rōmāna, Gracchōrum māter, **XXVI.**Tit.4

Corōnis -idis *f*, pulchra at improba puella, quam Apollō amāvit, **XXVII.**Tit.5

Cyclops -clopis *m*, mōnstrum horrendum, cui ūnus est oculus in mediā fronte, **XXX.**1

Cyparissus -ī m, pulcherrimus puer, quem Apollō amāvit, **XXVIII.**Tit.4

Daphnē -ēs *f*, pulcherrima virgō, fīlia flūminis Penēī, quam Apollō amāvit, **XXXII.**Tit.1

Deucaliōn -ōnis *m*, probus vir, Pyrrhae marītus, quī, ex aquīs mundum operientibus rate servātus, terrās hominibus iterum implēvit, **XXXI.**Tit.1

Diāna -ae *f*, Iovis et Latōnae fīlia, Apollinis soror, dea vēnātōrum, **XXVII.**69

Ēchō -ūs *f*, nympha ā Iunōne pūnīta, quae Narcissum īnfēlīcī amōre amāvit, **XXXIV.**Tit.2

Epimētheus -ī *m*, Titānus, frater Promethēī, Pandōrae coniūnx, **XXIX.**279

Ēridanus -ī *m*, fluvius Padus, **XXXIV.**518

Etrūria -ae *f*, regiō Italiae prope Latium, **XXXIII.**167

Etruscī -ōrum *m pl*, Etrūriae incolae, **XXXIII.**167

Eurōpa -ae *f*, fīlia Agēnoris, quam Iuppiter, fōrmā taurī indūtus rapuit, **XXVI.**Tit.3

Eurydicē -ēs *f*, īnfēlix uxor Orphēī, **XXIX.**Tit.1

Eurytus -ī *m*, improbus et saevus Centaurōrum prīnceps **XXXI.**205

Galatēa -ae f, nympha, quam Polyphēmus amāvit, **XXX.**Tit.1

Ganymēdēs -is *m*, pulcherrimus adulēscentulus, quem Iuppiter in Olympum sēcum portāvit, ut pōculī minister fieret, **XXX.**Tit.5

Glaucus -ī *m*, piscātor, quī, mīrābilī herbā cōnsūmptā, maris deus factus est, **XXX.**Tit.2

Hellē -ēs (*acc* -ēn) *f Gr*, fīlia Athamantis, soror Phrixī; in mare cecidit, quod ab eā 'Hellēspontus' nōminātur, **XXVII.**Tit.3

Hellēspontus -ī *m*, fretum inter Graeciam et Asiam, in quod Hellē mersa est, **XXVII.**149

Herculēs -is *m*, fortissimus fīlius Iovis et fēminae mortālis, **XXVII.**48

Hēsiona -ae *f*, fīlia Laomedontis, quam Herculēs ā saevō mōnstrō servāvit, **XXXIII.**Tit.4

Hippodamē -ēs (*acc* -ēn) *f Gr*, iuvenis, quī Atalantam cursū vīcit, **XXXI.**179

Hippomenēs -ae *m* (*voc* -ē), virgō fōrmōsissima, Pīritoī uxor, **XXVIII.**29

Horātius -ī *m*, fortissimus mīles Rōmānus, cui cognōmen fuit 'Cocles'; Tuscōs ē ponte reppulit, **XXX.**Tit.4

Hyacinthus -ī *m*, pulcherrimus puer, quem Apollō amābat, discī ictū forte occīsus, **XXXIV.**Tit.1

Īapetus -ī *m*, Titānus, pater Promethēī, **XXXI.**64

Īda -ae *f*, mōns in Asiā, prope Trōiam, **XXX.**236

Īnachus -ī, *m*, flūmen Graeciae, pater Īō, **XXXII.**134

Īnō -ōnis *f*, saeva uxor Athamantis, noverca Phrixī et Hellēs, **XXVII.**110

Īō *f indēcl*, fīlia Īnachī, quam Iuppiter in vaccam mūtāvit, **XXXII.** Tit.3

Iphis -idis *m* (*acc Gr* Iphin), īnfēlix iuvenis, quī crūdēlem Anaxarēten amāvit, nec quid spērāret habuit, **XXXIV.**300

Iris -idis *f*, nūntia Iunōnis, variīs colōribus exōrnāta, **XXX.**151

Lāomedōn -ontis *m*, rēx Trōiae īnfīdus, pater Hēsionae, **XXXIII.**Tit.4

Lapithae -ārum *m pl*, populus, quem Pīrithous regēbat, **XXXI.** 178

Latium -ī *n*, regiō Italiae, in quā Rōma sita est, **XXVI.** 130

Lātōna -ae *f*, dea, māter Apollinis et Diānae, **XXVII.** Tit.2

Leō -ōnis *m*, sīdus, **XXXIV.** 433

Minerva -ae *f*, fīlia Iovis, dea artium, **XXIX.**274

Minos -ōis *m*, rēx Crētae īnfīdus et fallāx, **XXVII.** Tit. 1

Mūsa -ae *f*, ūna ex novem deābus artium canendī, scrībendī, saltandī, **XXVII.**167

Nāias -adis *f*, nympha aquārum, **XXXIV.**372

Narcissus -ī *m*, pulcherrimus adulēscentulus, quī suam ipsius imāginem amāvit, **XXXIV.**Tit.2

Nausicaa -ae *f*, fōrmōsa fīlia Alcinoī, **XXVIII.**Tit.3

Nērēis -idis *f*, nympha maris, **XXXIII.**7

Niobē -ēs *f* (*acc Gr* -ēn), superba fēmina, cuius omnēs līberī ab Apolline et Diānā, iubente Latōnā, occīsī sunt, **XXIX.**Tit.5

Nympha -ae, *f* / **Nymphae** -ārum *f pl*, *Nymphae* sunt deae minōrēs, quae flūmina, silvās, montēs mariaque incolunt, **XXVIII.**151

Oebalides -idae (*voc* -e) *m*, Hyacinthus, fīlius Oebalī, **XXXIV.**84

Ōceanus -ī *m*, deus ōceanī, **XXX.**86

Olympus -i *m*, mōns Graeciae, ubi deī habitant, **XXVII.**51

Orpheus, -eī *m*, fīdicen praeclārus, quī ad Īnferōs dēscendit, ut inde uxōrem redūceret, **XXIX.**Tit.1

INDEX VOCABVLORVM

grātēs *f pl* **XXXIV**.475

grātus -a -um **XXIX**.15

gravitās -ātis *f* **XXXIV**.480

gutta -ae *f* **XXIX**.241

H

habēnae -ārum *f pl* **XXIX**.351

haedus -ī *m* **XXVII**.172

haerēre -sisse -sum **XXXIV**.353

harundō -inis *f* **XXXIV**.266

herbōsus -a -um **XXVIII**.251

hirsūtus -a -um **XXXIV**.389

honōs -ōris *m* **XXVIII**.339

horrendus -a -um **XXVII**.44

horrēre -uisse **XXXII**.173

hospes -itis *m* **XXVIII**.339

I

iacēre -cuisse **XXVI**.163

ictus -ūs **XXXIV**.32

idōneus -a -um **XXVIII**.21

igneus -a -um **XXXI**.96

ignōtus -a -um **XXVIII**.243

il-līmis -e **XXXIV**.164

immedicābilis -e **XXXIV**.83

im-minēre **XXXIV**.371

im-mītis -e **XXXIV**.316

im-mittere **XXIX**.232

immortālēs -ium *m pl* **XXIX**.320

im-mōtus -a -um **XXIX**.397

impedīre **XXXIV**.569

im-pendēre **XXXIII**.248

imperātum -ī *n* **XXVI**.52

impes -petis *m* **XXXIV**.69

impetrāre **XXIX**.50

impius -a -um **XXXIV**.70

im-prūdēns –tis **XXVIII**.253

impūne *adv* **XXXII**.17

in-cendere -cendisse -cēnsum
  XXVI.154

incendium -ī *n* **XXXIV**.503

incola -ae *m/f* **XXVIII**.279

in-cubāre (+ *dat*) **XXX**.179

in-cumbere -cubuisse (+ *dat*)
  XXX.130

inde **XXXIV**.152

inde ab **XXIX**.2

in-dūcere -dūxisse -ductum
  XXXIV.352

in-ermis -e **XXXI**.87

īn-fēlīx -īcis **XXIX**.32

īnfēstāre **XXXIII**.98

īnfēstus -a -um **XXVII**.43

īn-fīgere **XXXIII**.77

in-gemere -uisse **XXXIV**.566

ingemināre -āvisse -ātum **XXXIV**.115

in-gredī -gressum esse **XXVI**.148

inhibēre **XXXIV**.468

in-icere -iō -iēcisse -iectum
  XXXIII.139

īnsānia -ae *f* **XXIX**.74

īn-sequī **XXVII**.118

īnserere -seruisse -sertum + *dat*
  XXXIII.124

īn-sidēre sedisse + *dat* **XXVIII**.137

īnsidiae -ārum *f* **XXXIV**.430

īn-spicere **XXIX**.294

intel-legere -ēxisse -ēctum **XXVII**.34

inter-diū **XXXI**.167

inter-dum **XXXI**.238

intereā **XXVIII**.49

interior -ius *comp* **XXXI**.56

intimus -a -um *sup* **XXIX**.368

in-tremere -uisse **XXXIV**.488

in-vidēre + *dat* **XXVI**.45

invidus -a -um **XXXIV**.63

invītāre **XXXI**.272; **XXXII**.193

invītus -a -um **XXXIV**.475

īra -ae *f* **XXXI**.35

ir-rīdēre **XXXIV**.316

iter itineris *n* **XXIX**.44

iuba -ae *f* **XXIX**.356

iūcundus -a -um **XXIX**.38

iugum -ī *n* **XXXIV**.480

iungere + *dat* **XXXIV**.464

iuvenālis -e **XXXIV**.473

iuvenis -is *m* **XXVIII**.34

L

labor -ōris *m* **XXXIV**.468

lacrimōsus -a -um **XXXIV**.345

lapidum venae **XXXI**.69

lapis -idis *m* **XXXI**.61

laqueus -ī *m* **XXXII**.126

largīrī -ītum esse **XXVII**.41

latēre **XXIX**.27

latibulum -ī *n* **XXXIII**.297

lātrātus -ūs *m* **XXXIV**.579

laurus -ī *f* **XXXII**.55

lavāre lāvisse **XXX**.89

lēgātus -ī *m* **XXVIII**.122

levāre **XXX**.13

lēx lēgis *f* **XXIX**.62

libēns -entis **XXXIV**.322

lībenter *adv, praef.*

līberāre **XXVII**.47

lympha -ae *f* **XXXIV**.202

liquidus -a -um **XXXIV**.202

longinquus -a -um **XXVII**.143

lōra -ōrum *n pl* **XXXIV**.46

luctārī **XXIX**.362

lūcus -ī *m* **XXXIV**.545

lūgēre lūxisse **XXXIV**.237

lūmen -inis *n* **XXXIV**.234

lympha -ae *f* **XXXIV**.203

lyra -ae *f* **XXXIII**.235

M

macula -ae *f* **XXXIV**.561

mālum Pūnicum **XXIX**.173

mālus -ī *m* **XXIX**.128

manēre mānsisse **XXVIII**.182

marīnus -a -um **XXXIII**.261

marmor -oris *n* **XXVI**.6

mātrimōnium -ī *n* **XXVII**.110

meminisse (*perf*) **XXX**.91

memoria -ae *f praef.*

mēta -ae *f* **XXVIII**.49

metallum -ī *n* 367 **XXXIV**.367

metere messuisse **XXX**.63

metuere -uisse **XXVI**.100

minae -ārum *f pl* **XXXIV**.114

minimē *adv* **XXVI**.82

mitra -ae *f* **XXXIV**.271

mittere **XXIX**.388

mōlēs -is *f* **XXXIV**.374

morbus -ī *m* **XXIX**.307

morī -ior **XXVII**.127

morsus -ūs *m* **XXIX**.28

mortālēs -ium *m pl* **XXIX**.291

movēre mōvisse mōtum **XXVII**.98

mūgīre -īvisse **XXVI**.83

musca -ae *f* **XXXIII**.161

N

nāre **XXXIV**.373

nāscī nātum esse **XXVII**.69

nātus -ī *m* **XXXIV**.410

nebula -ae *f* **XXX**.158

nēmō, *dat* nēminī **XXVII**.85

nemus -oris *n* **XXXII**.148

nepōs -ōtis *m* **XXIX**.260

nītī **XXXIV**.203

nitidus -a -um **XXXIV**.164

niveus -a -um **XXXII**.157

nocēre -uisse + *dat* **XXVI**.98

noctū *adv* **XXVI**.145

nōdus -ī *m* **XXXIV**.540

notāre **XXXIV**.210

noverca -ae *f* **XXVII**.123

nūmen -inis *n* **XXXIV**.290

nūntiāre XXIX.110
nūntius *m*, nūntia -ae *f* XXX.152
nūptiae -ārum *f* XXIX.13
O
ob-dormīre XXXII.197
ob-orīrī -ortum esse XXXIV.489
ob-stāre XXXIV.204
occāsus -ūs *m* XXXIV.405
occiduus -a -um XXXIV.64
occultē *adv* XXXIII.182
occultus -a -um XXXIV.268
occupāre XXXIV.473
occurrere -risse XXVIII.196
odiōsus -a -um XXXIV.78
ōdisse XXVII.231
odium -ī *n* XXXII.33
of-ferre XXVIII.244
olea -ae *f* XXXII.94
olīva -ae *f* XXXII.246
olor -ōris *m* XXXIII.310
opem ferre XXXIII.68
operculum -ī *n* XXIX.306
operīre -uisse opertum XXVII.161
opēs -um *f pl* XXXII.223
oportēre -uisse XXX.71
op-primere -pressisse -pressum XXVI.162
optāre XXVII.55
opus -eris *n* XXXII.119
ōrāre XVI.27
ortus -ūs *m* XXXIV.405
P
paenitēre -uisse (eum paenituit factī suī) XXVII.242
palaestra -ae *f* XXIX.359
pallēre -uisse XXX.104
pallēscere -luisse XXXIV.488
pallor -ōris *m* XXXIV.352
palūs -ūdis *f* XXXII.271
parāre XXVII.121; sibi p. XXVII.33
parcere pepercisse XXXIII.43
pārēre peperisse XXIX.319
pārēre -uisse XXVII.84
pāscere pāvisse pāstum XXXIV.165
patēre -uisse XXIX.139
paternus -a -um XXXIV.490
patrius -a -um XXXIV.442
paulātim XXXIV.149
pāvō -ōnis *m* XXXII.200
pel-licere -lēxisse lectum XXXIV.56
pendēre XXXIV.280
penitus *adv* XXXIV.4

per-agere -ēgisse -āctum XXXIV.343
per-cutere -cussisse -cussum XXVIII.254
pergere perrēxisse XXVIII.178
perīculum -ī *n* XXVII.47
perītus -a -um + *gen* XXXII.115
per-movēre -mōvisse -motum XXVII.56
perpetuus -a -um XXXII.348
per-venīre -vēnisse XXVI.96
petere (ab aliquo) XXVII.4
petere XXVIII.9
pharetra -ae *f* XXXI.19
pilus -ī *m* XXXI.83
pingere pinxisse pictum XXXII.65
placēre -uisse XXX.40
plangere XXX.173
pluere, *praef.*
plumbum -ī *n* XXXIII.149
pompa -ae *f* XXXIV.346
pōmum -ī *n* XXXI.311
pondus -eris *n* XXXIV.62
pōnere posuisse positum XXVI.31
pōns -ontis *m* XXX.200
porrigere porrēxisse XXXIV.209
posterus -a -um XXVIII.227
praebēre -uisse -itum XXVII.135
praeda -ae *f* XXVI.153
praemium XXVI.157
praeter-īre -īvisse/-iisse -itum XXVIII.85
prātum -ī *n* XXXIV.60
precārī -ātum esse XXVIII.186
prehendere -disse -ēnsum XXXIII.301
pretiōsus -a -um XXVI.115
prīstinus -a -um XXXIV.567
prius... quam XXXI.230
prō *prp* + *abl* XXVI.57
probāre XXXIV.182
probitās -ātis *f* XXXII.303
prō-cumbere XXXI.46
pro-hibēre -uisse XXVII.103
prō-icere -iēcisse -iectum XXX.52
properāre XXVIII.81
proximus -a -um *sup* XXIX.353
prūdentia -ae XXVIII.149
prūnum -ī *n* XXXII.246
pūblicus -a -um XXX.182
pudendus -a -um XXVIII.174
puerīlis -e XXXIV.413
purpura -ae *f* XXXIV.382

purpureus -a -um XXXIII.193
Q
quercus -ūs *f* XXVII.155
R
radiāre XXXIV.73
rādīcēs agere XXXII.53
radius -ī XXXI.96, XXXIV.454
rādīx -īcis *f* XXXII.53
rāna -ae *f* XXVII.106
rapere rapuisse raptum XXVI.46
rapidus -a -um XXVIII.247
ratis ratis *f* XXXI.21
re-cipere -cēpisse -ceptum XXX.86
re-dūcere XXVIII.345
re-ferre rettulisse re-lātum XXIX.48
re- fovēre XXXIV.81
re-fugere XXXIV.71
rēgālis -e XXXIV.568
regia -ae *f* XXVII.2
rēgīna -ae *f* XXVII.50
rēgnum -ī *n* XXVIII.297
rē-icere XXXIV.293
relinquere -līquisse -lictum XXVI.94
re-mittere XXXIV.494
re-pellere XXXI.109
re-percutere XXXIV.190
re-petere XXXIV.568
re-plēre -ēvisse -ētum XXXI.207
re-portāre XXXIV.115
repulsa -ae *f* XXXIV.147
rēs gestae XXXII.92
rēs pūblica XXX.182
re-sonāre XXXIV.579
re-spicere -spexisse -spectum XXIX.62
re-stāre XXVIII.89
resupīnus -a -um XXXIV.203
rēte -is *n* XXX.59
re-tinēre -tinuisse -tentum XXXI.69
retrō XXIX.74
rigidus -a -um XXVIII.265
rīma -ae *f* XXVII.193
rīpa -ae *f* XXIX.194
rogus -ī *m* XXXIV.238
rōstrum -ī *n* XXXIV.596
rota -ae *f* XXXIV.454
rubēscere XXXIV.461
rubor -ōris *m* XXXIV.180
ruere XXXIV.69
S
sacer -cra -crum; arbor sacra XXXII.61

sacerdōs -ōtis *m/f* **XXXII**.279
sacrificāre **XXVI**.26
sacrificium -ī *n* **XXVII**.174
saltāre **XXVII**.168
saltem **XXXIV**.466
scālae -ārum *f pl* **XXXIV**.263
scelus committere **XXXI**.299
scēptrum -ī *n* **XXIX**.131
scintilla -ae *f* **XXXI**.98
scīre -īvisse **XXXI**.247
scrība -ae *m* **XXXIII**.198
sē cōn-ferre (in locum) **XXXIII**.182
sē-cēdere **XXXIV**.219
sēdāre **XXVII**.12, **XXXIV**.173
sē-ligere **XXXIV**.294
sēmideus -ī *m* **XXXIV**.289
senātor -ōris *m* **XXVIII**.136
senex senis *m* **XXVI**.66
sēnī - ae -a **XXIX**.181
sentīre sēnsisse sēnsum **XXX**.10
sē-parāre **XXXIV**.199
sepulcrum -ī *n* **XXVIII**. 275
serpēns -ntis *m/f* **XXIX**.27
sertum -ī *n* **XXXII**.285
siccāre **XXX**.65
sīdus -eris *n* **XXXIV**.73
sī forte **XXXI**.321
silēre -uisse **XXXIII**.54
similis -e (+ *dat*) **XXVII**.22
simul ac **XXIX**.114
simulāre **XXXIV**.272
sine lēge **XXXIV**.498
sinere sīvisse **XXX**.111
sinus -ūs *m* **XXVII**.74
sitīre **XXVII**.75
socius -ī *m* **XXXI**.409
solitus -a -um **XXXIV**.480
solium -ī *n* **XXXIV**.382
somnium -ī *n* **XXX**.153
sonare **XXXIV**.93
sors -rtis *f* **XXXIV**.414
spēlunca -ae *f* **XXX**.156
spernere sprēvisse sprētum **XXIX**.87
spīceus -a -um **XXXIV**.387
splendidus -a -um **XXXIV**.62
splendor -ōris *m* **XXXIV**.72
stabulum -ī *n* **XXVII**.19
stāmen -inis *n* **XXXII**.131
stāre stetisse **XVIII**.183
statua -ae *f* **XXXII**.209
statuere **XXXIII**.222

stimulus -ī *m* **XXXIV**.467
strēnuus -a -um **XXVI**.134
stultitia -ae *f* **XXXI**.211
stupēre -uisse **XXX**.216
suāvis -e **XXX**.16
sub-mittere -mīsisse -missum **XXXIV**.233
sūcus -ī *m* **XXXII**.128
sūdor -ōris *m* **XXIX**.198
summus collis **XXXII**.265
superāre **XXVI**.18
superbia -ae *f* **XXXII**.67
superbus -a -um, **XXVI**.3
superesse **XXXI**.38
superī -ōrum *m pl* **XXIX**.62
supīnus -a -um **XXXI**.222
sus-pendere -pendisse -pēnsum **XXXIV**.336
sustinēre -tinuisse -tentum **XXXIII**.170

T
tabernāculum -ī *n* **XXXIII**.186
tacēre tacuisse **XXXI**.352
taeda -ae *f* **XXXIV**.293
taedium -iī *m* **XXXIV**.320
tangere tetigisse tāctum **XXVI**.83
tegere tēxisse tēctum **XXVIII**.178
tēla -ae *f* **XXXII**.132
tēlum -ī **XXIX**.377
tēmō -ōnis *m* **XXXIV**.454
tendere **XXVII**.96
tenebrae -ārum *f pl* **XXIX**.135
tenēre -uisse **XXVIII**.121
tergēre -sisse -sum **XXVI**.36
texere -uisse -xtum **XXXII**.132
timēre -uisse **XXXII**.81
tollere sustulisse sublātum **XXIX**.306
tormentum -ī *n* **XXXIV**.318
torus -ī *m* **XXXIV**.294
tot-idem *indēcl* **XXIX**.328
trā-icere -iō -iēcisse -iectum **XXXIII**.135
trāns-fīgere **XXIX**.363
trāns-īre **XXXI**.170
tremere tremuisse **XXX**.47
tridēns -entis *m* **XXXII**.95
truncus -ī *m* **XXVII**.157
tuba -ae *f* **XXVIII**.42
tuērī **XXXI**.89
turbāre **XXVII**.100

U
ulmus -ī *f* **XXXIV**.279
ultimum *adv* **XXVI**.69
ultimus -a -um **XXVIII**.21
ultrā *adv* **XXXIV**.328
ultrō **XXXIV**.209
ululātus -ūs *m* **XXXIV**.548
ūmēns -entis *adi* **XXX**.125
ūna **XXXIV**.375
unda -ae *f* **XXX**.73
undique **XXXIV**.534
unguis -is *m* **XXX**.266
ūnicus -a -um **XXXIV**.205
ursa -ae *f* **XXXII**.346
ursus -ī *m* **XXXIII**.287
ūsus -ūs *m* **XXXIV**.113
ūtilis -e, praef
uxōrem ducere **XXVI**.38
V
vacca -ae *f* **XXXII**.157
vagārī **XXXII**.360
vāgīna -ae *f* **XXXIII**.191
vapor -ōris *m* **XXX**.160
vās vāsis *n* **XXIX**.287
vāstāre **XXXIII**.18
vātēs -is *m/f* **XXXIII**.251
vehemēns -entis **XXXIV**.63
vehere vēxisse vectum **XXVII**.59
vellus -eris *n* **XXVII**.154
vēlōciter *adv* **XXVIII**.80
vēnārī **XXXIV**.127
venēnum -ī *n* **XXXI**.406
venia -ae *f* **XXXII**.75
verērī -itum esse **XXXII**.364
versārī -ātum esse **XXVIII**.174
vertere -tisse -sum **XXXIV**.424
vertere in + *acc* **XXXIV**.504
vetāre -uisse -itum **XXXII**.263
vīcīnus -a -um **XXXIII**.236
victor -ōris *m* **XXVIII**.55
vincere vīcisse victum **XXVI**.153
viola -ae *f* **XXIX**.106
viridis -e **XXX**.94
virtūs -ūtis *f* **XXX**.230
vīsere vīsisse vīsum **XXVI**.110
vītam agere **XXX**.261
volucris -is *f* **XXXIV**.166
volvere **XXVII**.157
vōtum -ī *n* **XXXIV**.220
vulgāris -e **XXXIV**.293